1

Les proscrits du

RSA

Les colonisés français de la

« *Polynésie française* »

René HOFFER

1er livre sur la Saga RSA

Le *RSA* ça s'*R* à quoi *SA* ?
(*Le RSA ça sert à quoi ça ?*)

Ca sert à le recevoir, ce revenu de solidarité active ;

Revenu, qui fait poindre l'espoir chez le gueux ;

Solidarité qui parle à l'humain, jusque l'évadé fiscal ;

Active au singulier, qui fait les pluriels s'écharper.

Car si recevoir c'est plutôt bon à prendre et que normalement donner c'est bien, ce (revenu de solidarité) *active* - au lieu de nationale - pose question : ce livre répond à certaines.

Wikipedia : « *Le haut commissariat aux solidarités actives contre la pauvreté était (…) créé en mai 2007 (…) et confié à Martin Hirsch. Suite à l'objectif de réduction de la pauvreté d'au moins un tiers en cinq ans, auquel s'est engagé le gouvernement, le haut commissaire aux solidarités actives est chargé de la réforme des minima sociaux et de la prime pour l'emploi. C'est sous sa responsabilité qu'un nouveau dispositif devant favoriser le retour à l'emploi et la sortie des situations d'assistance, le revenu de solidarité active (RSA), destiné à remplacer le revenu minimum d'insertion (RMI), a été (…) mis en place sur l'ensemble du territoire (…). Le 22 mars 2010, le haut commissariat aux solidarités actives contre la pauvreté et le haut commissariat à la jeunesse deviennent le ministère de la Jeunesse et des Solidarités actives.* »

Bizarre, ce titre de haut-commissaire à Paris, alors que je suis plus habitué à ce qu'il désigne un gouverneur colonial.

Et pourquoi alors toute une histoire

Mais enfin, tu as bien lu le titre du livre et le dernier mot de la page précédent, voilà encore qu'il faut que je t'explique.

Alors le raccourci, c'est ça : les françaises et les français, les étrangères et les étrangers, lorsqu'ils remplissent les conditions peuvent être allocataires RSA.

Tous ? Non.

Pas les françaises et les français ainsi que les étrangères et les étrangers de la colonie de la « Polynésie française » ;

Ni de la Nouvelle-Calédonie française ;

Ni des royaumes républicains français de Wallis et Futuna.

Enfin, pour l'instant.

Sinon, heureusement que des images d'archive au journal du soir avaient été diffusées faisant à la plupart des personnes se dire : Si ça peut arriver à lui, ça peut m'arriver. Gloups.

Dans l'abject, les Martine Boisson et autres Alexandra Nicolay et *tutti quanti*tés négligeables savaient en ce qui me concerne qu'ils et elles n'étaient que de petits fonctionnaires obéissants, se défaussant de ne faire que leur travail, et surtout ne voulant pas être concernés par les décisions prises par d'autres, pour mieux se défausser encore.

Que leur souhaiter d'autre, que - comme je le fais régulièrement dans ce genre de situations telles mes gardse-à-vue - que de se retrouver de ce côté à un moment de leur vie et d'avoir en face d'eux d'autres petites mains toutes aussi zélées qu'eux.

Cà, c'est pour dedans.

Dehors, un comité de soutien sur Facebook s'est constitué - duquel j'ignorais bien évidemment tout -, P'tit Louis dans La Dépêche de Tahiti m'avait mentionné dans des caricatures dont l'une représentait un personnage portant un T-shirt avec écrit "*Libérez*", tenant une pancarte où là était écrit "*René*" alors que pour l'autre personnage c'était l'inverse ; à ma sortie, Tahiti-Pacifique Magazine de septembre 2010 m'a consacré quatre pages avec photos, dont certaines prises au tribunal et une page entière de la caricature que m'avait faite Jean-Paul Lieby, avec « J'accuse » écrit en rouge sur le boulet qu'il m'a accroché au pied, devant les grilles était représentée ma Rolls-Royce Silver Spur dans un local où l'on peut lire « PF DOUANE » ; des amis désargentés ont envoyé des sommes folles culminant pour certains à plus de 20 euros, à mes parents, pour m'aider à la sortie, d'autres m'ont encore soutenus et jusqu'à ce jour, non pas pour ma tronche, mais pour les exactions que je mets en lumière tel un emmerdeur qui serait à côté d'un interrupteur et qui s'amuse à l'allumer alors que d'autres veulent profiter de l'obscurité pour piocher dans le pot de miel, et bien sûr de nombreux signes amicaux et désintéressés m'ont été adressés et qu'il serait trop long de relater ici.

Un grand merci à vous tous qui vous reconnaîtrez.

Bref, n'ayant plus que quelques francs des colonies françaises du Pacifique, cette monnaie occulte de la zone euro que les magistrats français expatriés engrangent sous forme d'euros via les XPF sans jamais accepter d'admettre qu'ils sont blanchisseurs de devises en contrevenant à l'article 111-1 du code monétaire et financier, ajouté à cela le vol de ma Rolls-Royce Silver Spur en co-propriété avec Coco, histoire que j'évoque également dans « L'oie organique 2004-192 du 27 février 2004, Révélations sur l'affaire Gaston Flosse-Noa Tetuanui », je n'ai réellement qu'une envie, c'est de retourner en maison d'arrêt à ma sortie car tout ce que j'ai écrit ci-dessus, je ne l'ai découvert que plus tard. Au moins là j'étais nourri et logé, et j'avais du temps pour lire, écrire certes était plus compliqué car avant la kalachnikoverie du 7 janvier 2015 déjà, ma plume, à Nuutania, piquait certains aussi efficacement que le chikungunya : dix référés à juger en 48 heures par le tribunal administratif à mon actif depuis ma geôle. Merci Elisabeth Guigou pour cet article 521-2 du code de justice administrative.

Mais voilà : ayant eu du mal à se débarrasser de moi après 59 jours et 58 alors que mon mandat de dépôt prévoyait un an d'incarcérations, sans même mentionner ces référés dont certains portaient sur la présomption d'innocence du seul fait de mon appel interjeté, il faut savoir que je suis *persona non grata* à Nuutania !

En effet la fonctionnaire française expatriée Martine Boisson qui, comme son nom ne l'indique pas était la directrice à Nuutania - avant de devenir la directrice de la sécurité sous l'égide de l'usurpateur du titre de *président de la Polynésie française* Oscar Manutahi Temaru… pour être virée quelque temps plus tard comme une mal-propre d'XPF qu'elle est, par un de ses ex-prisonniers : Gaston Utato Flosse, le jour même où ce dernier a embauché une autre ex-détenue comme directrice de cabinet : Melba Ortas -, le vendredi 13 août 2010 après avoir vieillie de cinq ans depuis que je suis arrivé dans son établissement, a pété un câble.

Mes dix référés-liberté (si, si, ça s'appelle comme ça, même si on est enfermé) émis depuis ma cellule passent tous par le ministère de la « justice » (Paris) ; elle en avait marre, marre, marre de ce président de « la Polynésie française » qui est intraitable même derrière les barreaux.

Cette petite entrée en matière somme toute sympathique puisqu'on n'est pas dans *Midnight Express* tout de même, n'enlève rien à ma situation matérielle : comment faire pour vivre une fois dehors maintenant alors que je suis complètement à sec, Coco à qui j'avais confié quelques billets pour régler mon loyer aux colocataires m'ayant annoncé qu'il avait réglé avec mes sous quelques dépenses sur mon compte. Pour lui. Certes il me serait revenu de le faire éventuellement, mais là il avait puisé dans ma besace et, pour aussi peu matérialiste que je sois, il me fallait bien trouver quelque part un peu d'argent pour le quotidien.

Me voilà devoir rentrer à Geispolsheim chez mes parents pour avoir un toit, un couvert et tellement plus, non monnayable...

Mais c'est là qu'il ne faut cesser de remercier les tortionnaires en tous genres : de m'avoir enfermé m'a donc poussé à me sortir du carcan et ce sera le RSA.

Jamais ils ne pourront me payer cette privation arbitraire de liberté et je ne parle même pas de la forfaiture de la saisie de ma Rolls-Royce Silver Spur par l'association de malfaiteurs à laquelle se sont joint le gouverneur de pacotille Adolphe Colrat appelé pompeusement haut-commissaire, et un autre commissaire, moins haut mais plus priseur, dont l'ordre national des commissaires priseurs n'a aucune trace, Serge Léontieff. Pour cause d'XPF toujours. *(Voir L'oie organique 2004-192 du 27 février 2004 Révélations sur l'affaire Gaston Flosse – Noa Tetuanui)*

RSA, le revenu de solidarité active

Après quelques recherches sur internet, c'est Claude Jacques qui m'a boosté : tu vas en France ; fais-le.

Menotte au poignet gauche, peinte en bleu-blanc-rouge pour que la république française n'oublie jamais qu'elle met des innocents dans ses geôles, je commence le parcours du combattant qu'est l'inscription à Pôle-emploi, sur internet, depuis Punaauia avant mon voyage en Alsace.

Là j'explique ma situation et me vois répondre au cours de mes découvertes que le RSA ne s'applique pas « à la Polynésie française ».

Et me voici donc à plonger dans les textes.

RevaloRSAtion

Alors que le *Clearstreamien* Dominique Galouzeau de Villepin se cherchait une cause pour occuper l'espace public avec son revenu citoyen « *accessible à tous les citoyens français majeurs* » (www.republiquesolidaire.fr/7913-le-projet-citoyen), d'un montant double de l'allocation du droit au RSA, le décret de revalorisation de l'allocation de RSA en mars 2011 faisait effectivement pâle figure.

Il ne m'en fallut pas plus pour que je n'intervienne.

Comment ?

Eh bien par la seule voie possible : un recours devant le conseil d'Etat. Il portera le numéro 348975.

Et effectivement, ça eût pu payer, pour parodier Fernand Raynaud.

Bien mieux encore : le conseiller de l'Etat français Thierry TUOT- celui-là même qui sera l'auteur du rapport quasi-clandestin ci-dessous en aparté*, m'aura condamné à verser une amende pour recours abusif de 2 000 euros.

Là, ça n'eût plus payé.

Résultat de mon action :
René Hoffer :   0
Thierry Tuot : 2 000

*http://www.valeursactuelles.com/societe/linquie
tant-rapport-tuot-38944

« *Régularisation des clandestins, accès facilité à la nationalité française, subventions massives aux associations… Le gouvernement suivra-t-il les recommandations du conseiller d'État, pour lequel "la question musulmane est une invention" ?*

Provocation sans lendemain ou stratégie à long terme, le rapport remis le 11 février par Thierry Tuot au premier ministre est un ovni politique. Son auteur, un conseiller d'État de 51 ans, le reconnaît lui-même (…) »

Après ces amabilités parues dans *Valeurs actuelles*, revenons à mon recours n° 348975 du 3 mai 2011 dont voici la requête originale.

Le président de « la Polynésie française », des françaises et des français   *Le 3 mai DEUX011*
René, Georges, HOFFER, de nationalité française,
né le 28 février 1955 à STRASBOURG (Bas Rhin),
2, rue de la Porte basse
67118 – GEISPOLSHEIM
E-mail : rollstahiti@gmail.com
                              à

                                        Conseil d'Etat
                                        Monsieur le président du conseil d'Etat
                                        François FILLON
                                        c/o le vice-président Jean-Marc SAUVE
                                        A qui de Droit
                                        1, place du Palais Royal - 75100 –
                                        PARIS

Recours en excès, abus et détournement de pouvoir contre
le décret n° 2011-230 du 1er mars 2011 portant revalorisation du montant forfaitaire du revenu
de solidarité active et de l'allocation de revenu minimum d'insertion **(P.J. 01)**

In limine litis : exception d'illégalité et QPC.
Le décret n° 2011-230
- *vise la loi n° 2008-1249 du 1er décembre 2008 généralisant le revenu de solidarité active et réformant les politiques d'insertion, l'ordonnance n° 2010-686 du 24 juin 2010 portant extension et adaptation dans les départements d'outre-mer, à Saint-Barthélemy, Saint-Martin et Saint-Pierre-et-Miquelon et vu le décret n° 2009-404 du 15 avril 2009 modifié relatif au revenu de solidarité active, notamment son art.1er ;*
- *ne vise pas la loi orga-nique 2004-192 du 27 février 2004 ayant créé un « pays d'outre-mer » non prévu par la Constitution (Note secrète n° 369253 du 9 octobre 2003 du conseil d'Etat), ni celle ayant créé le premier « Département » (Mayotte).*

L'exception d'illégalité est donc soulevée ici en ce que tant la loi, que l'ordonnance, que le décret visés excluent « la Polynésie française » et donc les citoyens français - dont le soussigné - résidant « au sein de la république française » comme gravé dans l'art. 1 de la loi orga-nique 2004-192, du champ d'application du décret 2011-230.

Ces loi, ordonnance et décret seront écartés en ce qu'ils créent une inégalité entre citoyens français d'une part, et d'autre part en ce que des non-citoyens français peuvent sur le territoire européen de la république française bénéficier « d'avantages » auxquels les français de « la Polynésie française » n'ont droit, violation du principe FM d'égalité des droits, de la liberté et de la fraternité, affichée au fronton de toutes les communes et tribunaux de France et de Navarre, y compris dans le statut de « la Polynésie française »..

Une QPC complètera la présente exception d'illégalité afin de permettre au conseil d'Etat de statuer sur le seul décret déféré ici mais sur la base de l'inconstitutionnalité qu'aura dès lors reconnue le conseil constitutionnel.

De l'intérêt à agir.
Le président du conseil général du Bas-Rhin a fait droit au revenu de solidarité active (RSA) au soussigné depuis le 13 décembre 2010 ; l'intérêt à agir est donc patent. **(P.J. 02)**

De l'abus de pouvoir.
L'article 1ᵉʳ se distingue de l'article 2 en ce qu'il lui est identique mais sous une autre forme ; et vice versa (sic).

En effet, si l'article 1ᵉʳ rajoute « forfaitaire » pour un allocataire pour un même montant, il n'en va pas de même pour l'article 2.

L'excès de pouvoir est matérialisé en ce que d'une part la mention « forfaitaire » limite ainsi à 466,99 l'allocation pour un détenteur du RSA tel le soussigné, alors qu'il est de 466,99 pour un détenteur du RMI qui comme son nom l'indique comporte les mots « revenu minimum ».

Ainsi donc, ce qui est forfaitaire pour l'article 1er, c'est-à-dire maximum et minimum, n'est que « minimum » pour l'article 2, c'est-à-dire que là où l'article 1ᵉʳ limite à 466,99 le montant, ce montant n'est que la base pour un Rmiste.

De l'abus et de l'excès de pouvoir.
En définissant d'une part un montant forfaiture et d'autre part un montant minimum de 466,99, le décret relève de l'excès de pouvoir en ce qu'il distingue entre deux catégories de français qui sont dans la même situation, sauf à résider à des endroits distincts « au sein de la république française ».
Mais aussi, en ce que les articles 1ᵉʳ et deux excluent les français résidant en d'autres endroits « au sein de la république française », notamment dans le statut de « la Polynésie française ».

En clair, comme pour la TVA au taux zéro, le RSA et le RMI ne peuvent bénéficier à cette catégorie de français autrement qu'au taux zéro et pour un montant zéro (sic), c'est-à-dire que l'application des RSA et RMI dans le statut de « la Polynésie française » est de zéro centime d'euro, voire de zéro franc des colonies françaises du Pacifique. Tout au plus (sic).

Ce qui précède n'est bien évidemment pas hors-sujet puisque le soussigné, résidant tantôt « au sein de la république française » à Geispolsheim, tantôt à Punaauia ou encore ailleurs dans les 35 jours de congés réglementaires et est ainsi pénalisé tant par l'article 1ᵉʳ ; que par l'article 2 ; que par l'article occulte par défaut, portant sur le statut de « la Polynésie française » quant au montant des 466 ;99 euros alloués puisque « l'euro » n'a pas cours légal ni pouvoir libératoire hors du territoire national et de ses anciennes esclavageries.

L'abus de pouvoir relève donc du fait de cette discrimination entre citoyens européens de nationalité française selon leur lieu de résidence « au sein de la république française ».

Le décret relève encore de l'excès de pouvoir en ce qu'il fait une distinction entre RSA et RMI, non pas en fonction de la citoyenneté mais du lieu géographique de son application alors même qu'il n'est publié qu'au journal officiel de la république française et pas dans celui de la Martinique ou la Guyane par exemple…

Le soussigné dont le recours est introduit depuis Geispolsheim est donc pénalisé par l'article 1ᵉʳ et son forfait de 466,99 euros mensuels, par rapport à l'article 2 et son minimum de 466,99 euros mensuels.

La discrimination ci-devant fait donc apparaître que le montant de 466,99 est tantôt fixe ; tantôt flottant.

Or la partie fixe concerne le soussigné. Aussi, il convient de relever que ce montant est bien trop inférieur à ce que voudrait laisser entendre son intitulé qui comporte le mot « solidarité ». Active de surcroît, avant de devenir corvéable…

En effet, la « revalorisation » au 1ᵉʳ janvier 2011, de 1,5 % passe ainsi de 460,09 € à 466,99 € par mois pour une personne seule.

Tout comme pour le statut de « la Polynésie française », le décret s'abstient de mentionner qu'un deuxième citoyen français, s'il venait à faire partie de la même famille qu'un attributaire premier, ne reçoit qu'une majoration de 50 %, soit + 233,50 €, pour la première personne supplémentaire présente au foyer ; de 30 %, soit + 140,10 €, par personne supplémentaire au-delà de la première ; de 40 %, soit + 186,80 €, pour chaque personne supplémentaire à partir de la troisième personne (décomptée sans le conjoint, le concubin ou le partenaire lié par un pacte civil de solidarité).

Le décret sera donc annulé en ce qu'il ne mentionne ni le taux d'augmentation (1,5% ? s'agissant des 466,99), ni les montants des autres allocataires secondaires (sic) : le décret pêche donc là-aussi ; par manque de droit. (Le décret n° 2010-54 portant revalorisation du montant forfaitaire du revenu de solidarité active et de l'allocation de revenu minimum d'insertion définissait quant à lui les montants applicables à compter du 1er janvier 2010 mais le soussigné n'était alors pas allocataire ; que l'augmentation de 454,63 en 2009 à 460,09 était alors du même acabit est sans emport en l'espèce.

Quant au RMI, son montant mensuel était fixé également à 460,09 euros. Régi par le code de l'action sociale et des familles, celui-ci a été maintenu dans les départements d'outre-mer.

Du RMI et du RSA

Les montants du RMI et du RSA étant identiques : 466,99, il importe peu qu' l'un soit régi par tel code et l'autre par telle loi. En effet, il est permis de déduire que les deux appellations ont la même finalité : octroyer à une même personne dans une même situation, une même somme. A des mêmes français. Sauf à TAHITI par exemple ? Il n'y va pas de tel transfert de compétences ou de telle autonomie sur le plan administratif, politique ou autres blanchiments en francs de la république française, mais de l'égalité des français devant la loi.

En l'espèce, les droits acquis du soussigné à Geispolsheim (France) lui seront retirés dès son retour prochain à TAHITI alors même qu'il n'aura pas changé de nationalité. Et que la saisine depuis TAHITI via des QPC existe.

Mieux : que des personnes de nationalité autre que française, pourront continuer, elles, à percevoir le RSA du fait qu'elles résideront sur une autre partie « au sein de la république française », à Mayotte par exemple, matérialisant une discrimination entre français d'une part et entre français et étrangers / européens d'autre part.

Du montant de la ré-évaluation.

En 1 an, l'électricité a augmenté de 6,4% et va continuer à augmenter. Les loyers on augmenté de 12% et cela va continuer. Le train à pris 2,4% et ce n'est pas terminé. Depuis septembre, l'essence a augmenté de 13,5%, le gazole de 18% en attendant mieux. Ce Week-End, on nous a annoncé que ce 1ᵉʳ avril,

> *le gaz allait augmenter de 5,2%,*
> *la farine de 15 à 20%,*
> *le pain de 5 à 7%,*
> *les pâtes de 5 à 10%,*
> *le café de 10 à 20%,*
> *le beurre de 4 à 8%,*
> *le chocolat de 5 à 7%,*
> *le camembert de 2 à 4%,*
> *les biscuits de 3 à 10% »*

(Le Canard Enchaîné, 30 mars 2011)

Ou encore :

- *Le pain + 7%*
- *Les pâtes + 17 %*
- *Les légumes + 11 %*
- *Le gaz +20 %*
- *Le gazole +20 %*
- *L'essence +13 %*
- *Le fuel domestique +21 %*
- *Les assurances +5.6 %*
- *Le péage des autoroutes +7.8 %*
- *Le forfait hospitalier +26 %*

http://resistanceinventerre.wordpress.com/2011/04/16/augmentations-en-un-an/

<u>*D'autres illustrations sont possibles :*</u>

- « *Par un vote du 3 septembre 2010, les députés ont rejeté à la quasi-unanimité l'amendement n°249 Rect. proposant d'aligner leur régime spécifique de retraite (dont bénéficient également les membres du gouvernement) sur le régime général des salariés.* <u>*www.assemblee-nationale.fr/13/amendements/2770/277000249.asp*</u>

Patrick Buisson, actuel conseiller du président de la république, et ancien dirigeant du journal d'extrême droite « Minute », « plaide pour une grande loi de réhabilitation du travail ; elle lutterait contre l'assistanat en réservant par exemple le RSA et le RMI aux Français …. ». Si ces propos ont été retirés et que Paris-Match a publié sur son site, dans l'après-midi du jeudi 31 mars, une version remaniée de son article, il n'en demeure pas moins que le RSA en tant que tel ou sous son appellation exotique RMI est de l'assistanat, c'est-à-dire contraire à la dignité humaine d'une part, et d'autre part qu'il est bien destiné aux français. Ceci n'a pas été retiré. Or le soussigné est autant français en Alsace que Monsieur Nicolas SARKÖZY de NAGY-BOCSA a située en Allemagne le 19 janvier 2011, qu'à TAHITI, « pays d'outre-mer » inventé par les UMP tout comme les z'outre-mer d'ailleurs dont 2011 est l'année et qui n'en est qu'à son commencement.

Quant à l'auteure de l'article, Elisabeth Chavelet, elle précise: « M. Buisson n'a pas dit qu'il fallait réserver le RSA et le RMI aux Français! D'ailleurs, ce serait anticonstitutionnel. ». Et vice-versa. CQFD.
Quant au secrétaire général adjoint de l'UMP Marc-Philippe Daubresse : « La préférence nationale n'a jamais fait partie, ni hier ni aujourd'hui, du programme de l'UMP (…) Nous sommes favorables à une aide sociale pour les immigrés en situation régulière. » Autant dire que si le RSA/RMI relève de l'assistanat, il relève de l'aide sociale et que rien n'autorisé le décreteur n° 2011-230 a faire l'impasse sur l'attribution du RSA/RMI à des immigrés et pas à des Français souchiens de « la Polynésie française ».

Le député UMP Pierre Lang quant à lui vient de déposer le 30 mars 2011 une proposition de loi "visant à demander aux chômeurs indemnisés depuis plus de six mois et aux bénéficiaires du revenu de solidarité active d'effectuer des travaux d'intérêt général" ; là encore le délai de 6 mois entre en conflit avec le décret attaqué et l'intérêt à agir sera retenu en l'espèce sur ce point puisque la revalorisation étant annuelle et vu les délais de recours d'une part et l'application possible de la loi postérieurement et avant la fin de l'année, il est évident que le soussigné se situe dans la catégorie du projet de loi et ses implications. ("Les travailleurs involontairement privés d'emploi, bénéficiaires d'un revenu de remplacement depuis plus de six mois, accomplissent obligatoirement vingt heures par semaine de tâches d'intérêt général agréées par l'autorité administrative, au service de collectivités locales ou d'autres organismes publics".)

Un Français sur deux vit avec au moins 1580 euros par mois. La pauvreté stagne depuis 2002, montre l'Insee dans son étude annuelle sur les revenus.

L'austérité pour tous, sauf pour les candidats à la présidentielle. En 2012, au premier tour, chaque candidat pourra dépenser pour sa campagne jusqu'à 16,851 millions d'euros. Ce qui représente par rapport à 2007 une augmentation de... 23%. Le tout, sur fond de restrictions budgétaires ! J-C Slovar.

L'organisation mondiale du travail a tout autant demandé la mise en place d'une caisse d'allocations chômage dans le statut de « la Polynésie française » par exemple.

Concernant le SMIC, il est augmenté lorsque la hausse des prix atteint 2 % depuis la dernière revalorisation. Cette hausse doit être égale à la hausse des prix. Elle doit intervenir au début du mois qui suit la publication de l'indice des prix à la consommation.

Ces quelques exemples suffiront pour illustrer les méandres du décret attaqué et le censurer tant sur le montant de 466,99, que sur le taux de 1,5%, que sur les modalités de revalorisation et sur le champ d'application, etc....

Sans qu'il soit besoin de s'attarder sur l'opportunité des 1,5% en question, le conseil d'Etat constatera l'évidence des nombreuses hausses de prix certes annoncées postérieurement au 1er mars 2011 mais rendant le décret du 1er mars obsolète par anticipation puisque ces hausses ont eu lieu durant le présent délai de recours contentieux.

Enfin, Monsieur Dominique Galouzeau de Villepin (ex-Premier ministre non élu de la république et donc président en son temps du conseil d'Etat), qui initia les « suivi mensuel personnalisé », « contrat nouvelle/première embauche » et « bouclier fiscal » à 60%, c'est-à-dire, un initié, propose un Revenu Citoyen de 850 € que d'aucuns ont osé appeler un RSA de luxe (sic) alors même que la nature profondément antisociale de ses actions passées (intensification du contrôle des chômeurs, de la précarisation de l'emploi et des cadeaux fiscaux aux plus riches...) sont encore dans la mémoire collective ; ce revirement est en lui-même éloquent de réalisme.

C'est dire que la majoration de 1,5% sur 460,09 euros pour culminer à 466,99 au regard des 850 euros affichés est loin de la réalité que se devait de prendre en compte tant le législateur que le décréteur en l'espèce.

Il y va de la dignité des allocataires du RSA : 466,99 euros ne permettent pas de « vivre » (sic) au quotidien. Une obole certes mais qui ne peut être définie comme un « revenu ». D'où la censure de ce mot-même du décret.

Dans Libération, le ci-devant ex-président du conseil d'Etat mettait d'ailleurs en avant l'«aspiration à la dignité», que permettra une somme de 850 euros par exemple. En tout cas pas 466,99. Et d'ajouter : «En France, c'est devenu possible et souhaitable — à cause du chômage de masse, de l'éducation démocratisée, de l'émancipation des femmes — et tout au long du XXIe siècle, les pays développés se tourneront vers ces solutions simples, modernes, justes. (...) un revenu... de l'ordre de 850 euros. Autant dire le strict nécessaire. Aucun luxe, tous ceux qui en vivent vous le diront. Mais un socle pour construire une vie digne et libre ».

Le conseil d'Etat censurera donc le décret en ce qu'il a fixé une somme bien inférieure à ce que son ex-président en personne décrit comme le strict nécessaire ; un socle pour construire une vie digne et libre.

«Socle» est d'ailleurs ajouté à la nouvelle mouture du RMI.

Enfin, en 2008 le seuil de pauvreté était fixé à 950 €/mois pour une personne seule. En 2011, l'ex-président du conseil d'Etat, ensemble ses 850 euros c'est-à-dire moins que le seuil de pauvreté d'il y a trois ans est donc même inférieur au seuil de pauvreté. Les 466,99 ne représentent pas même un demi-seuil de pauvreté inversée (sic). Là le conseil d'Etat pourra faire valoir son pouvoir inquisitoire pour ordonner au décréteur de justifier l'augmentation de 1,5% pour aboutir au montant doublement inférieur au seuil de pauvreté de 466,99 euros mensuels tant pour le RSA que le RMI.

Car le versement du RSA est soumis à obligation(s), suivi(s), etc..., notamment par le truchement de déplacements réguliers à Pôle-emploi et autres frais et dérangements.

Du détournement de pouvoir.

L'article 3 relève du détournement de pouvoir en ce que « Le ministre du budget, des comptes publics, de la fonction publique et de la réforme de l'Etat, porte-parole du Gouvernement, et la ministre des solidarités et de la cohésion sociale sont chargés, chacun en ce qui le concerne, de l'exécution du présent décret, qui sera publié au Journal officiel de la République française. ».

En effet, d'une part le Premier ministre exclut de charger la ministre du ministre de l'Intérieur c'est-à-dire du ministre de l'outremer (des z'outremer ?) de procéder à l'exécution du décret qui pourtant s'applique jusqu'en Guadeloupe ; d'autre part et a contrario, limite l'exécution du décret doublement : en ne faisant procéder légalement à l'exécution du décret que par des ministres locaux sans aucun pouvoir en matière outre-merdeuse, et, en limitant la publication au JORF alors même que le ministre de l'outremer par le truchement de sa ministresse Marie-Luce PENCHARD pourrait déborder du ressort du journal officiel républicain français.

Enfin, en ayant pris ce décret le 1er mars pour une application au 1er janvier, le décréteur ne pouvait ignorer les quelques chiffres exposés supra sans se compromettre au vu du montant ridicule de 466,99 après revalorisation. En effet tant la ministre des solidarités et de la cohésions sociale que celui des comptes publics, porte-parole du Gouvernement de surcroît (!!) et de la réforme de l'Etat (sic) ne peuvent se targuer de pouvoir ignorer la réalité que représente un montant de 466,99 euros mensuels pour un citoyen français. Et zéro pour ce même citoyen s'il est résidant temporaire ou permanent dans le statut de « la Polynésie française ».

Par ces motifs : Annuler le décret n° 2011-230 et octroyer au soussigné 5 000 euros pour les frais irrépétibles.

Décrets, arrêtés, circulaires

TEXTES GÉNÉRAUX

MINISTÈRE DES SOLIDARITÉS ET DE LA COHÉSION SOCIALE

Décret no 2011-230 du 1er

mars 2011 portant revalorisation du montant forfaitaire

du revenu de solidarité active et de l'allocation de revenu minimum d'insertion

NOR : SCSA1032397D

Le Premier ministre,

Sur le rapport de la ministre des solidarités et de la cohésion sociale,

Vu le code de l'action sociale et des familles, notamment ses articles L. 262-2 et L. 262-3 ;

Vu la loi no

2008-1249 du 1er

décembre 2008 généralisant le revenu de solidarité active et réformant les

politiques d'insertion ;

Vu l'ordonnance no

2010-686 du 24 juin 2010 portant extension et adaptation dans les départements

d'outre-mer, à Saint-Barthélemy, Saint-Martin et Saint-Pierre-et-Miquelon de la loi no

2008-1249 du

1er

décembre 2008 généralisant le revenu de solidarité active et réformant les politiques d'insertion ;

Vu le décret no

2009-404 du 15 avril 2009 modifié relatif au revenu de solidarité active, notamment son

article 1er ;

Vu l'avis du conseil d'administration de la Caisse nationale des allocations familiales en date du

4 janvier 2011 ;

Vu l'avis de la commission consultative d'évaluation des normes en date du 6 janvier 2011 ;

Vu l'avis du conseil central d'administration de la Mutualité sociale agricole en date du 11 janvier 2011,

Décrète :

Art. 1er

. − Le montant forfaitaire mensuel du revenu de solidarité active pour un allocataire est de 466,99

euros à compter du 1er

janvier 2011.

Art. 2. − Le montant mensuel du revenu minimum d'insertion pour un allocataire est de 466,99 euros à

compter du 1er

janvier 2011.

Art. 3. − Le ministre du budget, des comptes publics, de la fonction publique et de la réforme de l'Etat,

porte-parole du Gouvernement, et la ministre des solidarités et de la cohésion sociale sont chargés, chacun en

ce qui le concerne, de l'exécution du présent décret, qui sera publié au Journal officiel de la République

française.

Fait le 1er

mars 2011.

FRANÇOIS FILLON

Par le Premier ministre :

La ministre des solidarités

et de la cohésion sociale,

ROSELYNE BACHELOT-NARQUIN

Le ministre du budget, des comptes publics,

de la fonction publique et de la réforme de l'Etat,

porte-parole du Gouvernement,

FRANÇOIS BAROIN

Le président de « *la Polynésie française* »

Là, l'explication est bien trop longue pour la reprendre ici et ce n'est pas l'objet de cet ouvrage.

Ceux que cela intéresserait pourront se reporter à mon livre « *L'oie organique 2004-192 du 27 février 2004, Révélations sur l'affaire Gaston Flosse-Noa Tetuanui* » qui porte sur cette élection du 25 octobre 2004 ayant abouti à mon autoproclamation.

S'agissant de la mise en avant de ma nationalité française, il s'agit du fondement même du droit au RSA que j'expose : il est alloué aux français et aux étrangers résidant en France lorsqu'ils répondent aux critères fixés.

Et de critiquer : sauf aux français et aux étrangers lorsque ceux-ci résident au sein de la république française comme énoncé dans l'article 1er de la loi dite organique 2004-192, dans le « pays d'outre-mer » de « la Polynésie française ».

Euh, mais tu vas me dire : mais s'ils habitent dans les colonies françaises, en Polynésie par exemple, ça reste des français pour ceux qui sont porteurs du passeport européano-français et les étrangers sont des étrangers là-bas comme nos étrangers en France !?

Bonne question. Mais là tu es trop intelligent pour lire ce livre car n'oublie pas qu'il existe quelque chose qui s'appelle la « justice » et qui ne saurait, politiquement parlant, s'en tenir à ton raisonnement de citoyen sensé.

C'est donc dans le dédale de cette histoire que je vais t'emmener, toi qui, contrairement aux crânes d'œuf, as déjà compris que, nonobstant mes titre, qualité, et dignité comme l'écrivait le commissaire du Gouvernement Francis DONNAT en décembre 2004 – ou tel autre « jugement » n° 07002476, « *Monsieur René Georges HOFFER, Président de la Polynésie française (sic), personne physique incarnée* », c'est en tant que national français que je fais valoir mon droit au RSA.

Alors avant de rentrer dans le vif du sujet sans avoir à trop m'attarder sur mon titre, voici la première page de ce jugement pour que tu puisses être rassuré sur ma santé mentale et que tu n'aies pas la berlue.

Oui je sais, tu vas te dire : mais ce sont les mêmes Marie-Claude Pena et Lise Prenel qui t'ont condamné avec mandat de dépôt pour usurpation de titre et de fonction alors qu'elles te donnent ton titre dans l'affaire qui l'oppose à l'haut-commissairette Anne Boquet un an plus tôt !!!???

Et oui, c'est comme ça dans les colonies.

Extrait des minutes du greffe
de la Cour et des Tribunaux de Papeete - Tahiti

TRIBUNAL DE PREMIERE INSTANCE DE PAPEETE

N° de Parquet : **07002476**

A l'audience publique du mardi 24 février 2009 à 8 heures
tenue en matière correctionnelle par :

- Madame Marie-Claude PENA, Président,
- Madame Sandrine ZIENTARA,
- et Madame Lise PRENEL, Assesseurs,

assistées de Mademoiselle Tetu WONG CHOU,
Greffier,

en présence de Madame Danièle CHURLET,
Vice-Procureur de la République,

a été rendu le jugement suivant :

ENTRE :

Partie civile :
- Monsieur **René Georges HOFFER**, Président de la Polynésie françaie
(sic) personne physique incarnée, né le 28 février 1955 à Strasbourg (67) –
France, de nationalité française, demeurant PK 8 c/mer – Tél. 77.71.70 –
98717 Punaauia – TAHITI (Polynésie française).
Non-comparant :

d'une part :

ET :
Anne BOQUET,
De nationalité française,
Profession : Haut Commissaire de la République en Polynésie française,
demeurant 98714 Papeete - TAHITI (Polynésie française),
Libre,
Non-comparante :

Citée pour Abus d'autorité dirigé contre l'administration,

D'autre part :

En présence du Ministère Public,

31

Prêt pour l'explication de texte du recours !

Si je m'adresse au conseil d'Etat ainsi : « *Monsieur le président du conseil d'Etat François FILLON c/o le vice-président Jean-Marc SAUVE* », c'est bien évidemment à juste raison : le conseil d'Etat n'ayant pas de président et celui qui le préside étant un vice-président, il est clair qu'il vaut mieux tout de même s'adresser au président... du vice-président, ne serait-ce que pour rétablir l'exacte qualification de l'un et de l'autre. Et débusquer le politique derrière l'obligé.

En effet, le premier ministre républicain français est bel et bien le président du conseil du roi aujourd'hui appelé conseil d'Etat ; ce dernier ayant bien sûr des considérations politiques ne peut pas ouvertement juger ; d'où un vice-président de service à la tête du conseil de l'Etat français.

Il faut se rappeler que sous le Gouvernement de Philippe Pétain, le conseil d'Etat jugeait comme il le fait aujourd'hui, mais ses décisions ont tout simplement été vouées aux gémonies comme si de rien n'était une fois les non-pétainistes en charge.

Ou encore, consulter la note secrète de ce même conseil d'Etat, n° 369253 du 9 octobre 2003 où sous la plume de Renaud Denoix de Saint-Marc, le conseil s'est autorisé, sous le coup du secret donc, à exposer qu'un « pays d'outre-mer » n'est pas prévu par la Constitution. Etc…

Bref, je continue les explications du recours.

Le, « *A qui de Droit* » me permet d'adresser à celle ou celui qui se sent en droit de se saisir du dossier, ce qui, pour des recours émanant de la française Polynésie, implique que celui s'en arrogeant le droit, endosse la continuité du vol du royaume de Tahiti et sa Couronne, ce faisant.

Et ils le font tous.

Mais là encore, ce sujet a déjà été traité plus longuement dans « *L'oie organique 2004-192 du 27 février 2004, Révélations sur l'affaire Gaston Flosse-Noa Tetuanui* »

Pour ce qui est de l'intitulé : excès, abus et détournement de pouvoir, c'est l'expression consacrée, un recours en arnaque étatique, en violation des Constitutions, n'étant évidemment pas approprié en ces milieux, de surcroît occultes le plus souvent et maçon-niques majoritairement à en croire certains articles de presse.

Alors pourquoi donc attaquer ce décret n° 2011-230 du 1er mars 2011 portant revalorisation du montant forfaitaire du revenu de solidarité active et de l'allocation de revenu minimum d'insertion ?

Juste pour récolter une amende de 3 000 euros maximum ? Pour démontrer que faire un recours en « justice », administrative par ailleurs, est une sorte de sport de riche ?

Mais non.

J'ai fait ce recours pour exposer une réalité toute autre : pour faire passer le message aux François Fillon, Roselyne Bachelot-Narquin et François Baroin, les signataires du décret, d'arrêter de me – et de nous autres RSAïques – prendre pour un/des cons.

Dans revalorisation il y a la racine valeur.

Mais moins de 500 euros mensuels n'a rien de commun avec une quelconque valeur pour un humain en 2011, en France, notamment au regard du préambule d'une des Constitutions républicaines françaises - celle du 27 octobre 1946 – qui en son « 11 » de son préambule affirme que « *Tout être humain qui, en raison de (…) a le droit d'obtenir de la collectivité des moyens convenables d'existence* ».

D'où mon recours sur cette évidence.

Auquel j'ai rattaché une question prioritaire de constitutionnalité (QPC)

QPC, Késako

En deux mots, une question prioritaire de constitutionnalité (QPC), c'est une question comme une autre, sauf que pour arriver à la poser il faut se lever de bonne heure !

Car la poser est une chose, encore faut-il que plein de conditions soient remplies.

Mais pas seulement.

En effet, il faut surtout qu'elle ne soit pas dépourvue de sérieux, ce qui est souvent détourné en : la question n'est pas sérieuse, ce qui n'est pas pareil du tout.

Et là, question de sérieux, il y a une ribambelle de joyeux drilles qui vont entrer dans la danse pour tout faire pour écarter par cet artifice du sérieux/pas sérieux au lieu de dépourvu de sérieux/non dépourvu de sérieux, la question prioritaire de constitutionnalité : petits juges, moyens juges, juges plus élevés encore mais tout aussi drôles judiciairement parlant, avant de finalement pouvoir accéder aux neuf et quelques sages du Concon ; du conseil constitutionnel.

Je te rassure de suite : je n'y suis pas encore arrivé à ce jour.

Mais tout de même ; mon nom figure dans la circulaire du 24 février 2010 instaurant les questions prioritaires de constitutionnalité, les QPC.

Même que les références à mon dossier n° 199072 – que je n'ai à l'époque pu soumettre au conseil d'Etat que grâce à Stéphane que je mentionne dans mon livre « *L'oie organique (…)* » -, auront poussé le ministère de la justice et des libertés (sic) à faire une bourde, peut-être même intentionnelle : l'année de la date de cette affaire a été amputée d'un zéro : « *8 décembre 200* » au lieu de 8 décembre 2000… Mais bon, c'est le ministère de la justice, donc ça ne prête pas à conséquence puisque ces gens ont droit de vie ou de mort. A une virgule près parfois.

Car je n'ose imaginer la réciproque, une erreur de la sorte de la part d'un citoyen dont la mise au ban et à l'arrière ban serait assurée.

Pour les curieux, le « *8 décembre 200* » figure sur la page 7 de la circulaire, deuxième paragraphe, troisième ligne…

Laissons donc les QPC de côté pour l'instant et continuons à décortiquer mon REP, mon recours en excès, abus et détournement de pouvoir après ces quatre pages de la circulaire incrustée des ridicules trois points maçon-niques d'usage sur la page 48… où est mentionnée la seule fois l'expression « *Polynésie française* »…)

Liberté · Égalité · Fraternité
RÉPUBLIQUE FRANÇAISE

MINISTÈRE DE LA JUSTICE
ET DES LIBERTÉS

DIRECTION DES AFFAIRES CIVILES ET DU SCEAU

DIRECTION DES AFFAIRES CRIMINELLES ET DES GRÂCES

Paris, le 24 février 2010

Circulaire
Date d'application : 1er mars 2010

Le Ministre d'Etat, Garde des Sceaux, Ministre de la Justice et des libertés

à

Monsieur le Premier Président de la Cour de cassation
Monsieur le Procureur Général de ladite Cour

Mesdames et Messieurs les Premiers Présidents des Cours d'appel
Mesdames et Messieurs les Procureurs Généraux près lesdites Cours
(Métropole et Outre-Mer)

Messieurs les Présidents des Tribunaux Supérieurs d'appel,
Messieurs les Procureurs de la République près lesdits Tribunaux

POUR INFORMATION

Monsieur le Directeur de l'Ecole Nationale de la Magistrature
Monsieur le Directeur de l'Ecole Nationale des Greffes
Monsieur le Président du Conseil national des greffiers des tribunaux de commerce

N° **NOR** :   JUSC1006154C

N° **CIRCULAIRE** :   CIV/04/10

Référence de classement : C3/1-5-5 *bis*/EdL

O B J E T : Loi organique n° 2009-1523 du 10 décembre 2009 relative à l'application de
l'article 61-1 de la Constitution
Décret n° 2010-148 du 16 février 2010 portant application de la loi organique n°
2009-1523 du 10 décembre 2009 relative à l'application de l'article 61-1 de la
Constitution

Mots clés : *Conseil constitutionnel ; Cour de cassation ; Question prioritaire de constitutionnalité ;
procédure civile ; procédure pénale.*

Titre détaillé : Présentation de la question prioritaire de constitutionnalité.

1. L'objet de la question prioritaire de constitutionnalité

1.1. La contestation d'une disposition législative

Il appartiendra à la jurisprudence du Conseil constitutionnel de préciser la portée exacte de la notion de « disposition législative » au sens de l'article 61-1 de la Constitution. Au vu, notamment, des débats parlementaires ayant précédé la révision constitutionnelle puis l'adoption de la loi organique, il est néanmoins possible de distinguer les éléments suivants.

1.1.1. Ce qui est inclus dans le champ

Toute disposition de forme législative, votée par le Parlement et promulguée par le Président de la République, peut faire l'objet d'une question prioritaire de constitutionnalité. En outre, il convient de préciser le statut des ordonnances, ainsi que celui des lois du pays de la Nouvelle-Calédonie.

Cas des lois antérieures à 1958. Entrent dans le champ de la nouvelle procédure les lois adoptées antérieurement à l'entrée en vigueur de la Constitution du 4 octobre 1958.

Il résulte clairement des travaux préparatoires de la loi constitutionnelle du 23 juillet 2008 que le constituant a entendu que toutes les dispositions législatives antérieures à 1958 et non expressément abrogées pourraient être visées par une question prioritaire de constitutionnalité. Cette volonté correspond à l'objectif de sécurité juridique poursuivi par la nouvelle procédure, qui a notamment pour objet de purger l'ordre juridique des lois contraires à la Constitution[1].

Cas des lois promulguées depuis l'entrée en vigueur de la Constitution de la Vème République. Elles entrent, naturellement, dans le champ de la nouvelle procédure. Le fait qu'elles seraient intervenues en dehors du domaine attribué à la loi par l'article 34 de la Constitution est, à cet égard, sans incidence : ces dispositions conservent leur caractère législatif tant que le Gouvernement n'a pas procédé à leur modification par décret, après constatation par le Conseil constitutionnel de leur caractère règlementaire, selon la procédure prévue au second alinéa de l'article 37 de la Constitution.

Cas des lois organiques. S'agissant des lois organiques dont l'intervention est prévue par certaines dispositions de la Constitution, elles doivent, avant leur promulgation, être soumises au Conseil constitutionnel, qui en contrôle l'ensemble des dispositions (article 46 de la Constitution), Pour autant, cette circonstance ne permet pas de les exclure, par principe, du périmètre de la question prioritaire de constitutionnalité : en effet, les justiciables peuvent invoquer un changement des circonstances, de droit ou de fait, pour solliciter le réexamen par le Conseil constitutionnel de dispositions déjà déclarées conformes à la Constitution (voir 1.3.2).

Cas des ordonnances organiques prises sur le fondement de l'ancien article 92 de la Constitution. S'agissant des ordonnances organiques prises par le Gouvernement, en 1958 et

---

[1] Voir, en ce sens, rapport de M. Jean-Luc Warsmann, pour la Commission des lois de l'Assemblée nationale, n° 1898, p. 8

6

39

1959, pour mettre en place les institutions de la Vème République, l'ancien article 92 de la Constitution leur a expressément conféré force de loi. Elles doivent, dès lors, être regardées comme des dispositions législatives au sens de l'article 61-1 et pourront ainsi faire l'objet de questions prioritaires de constitutionnalité[2]. Elles n'ont, d'ailleurs, jamais été soumises au contrôle du Conseil constitutionnel.

Cas des ordonnances des articles 38 et 74-1 de la Constitution. Dès lors qu'elles ont été ratifiées par le législateur, les ordonnances de l'article 38 acquièrent rétroactivement valeur législative (voir, par exemple, CE, 8 décembre 200, *Hoffer et autres,* n° 199072). Il en est de même des ordonnances de l'article 74-1 de la Constitution, propres aux collectivités d'outre-mer visées à l'article 74 et à la Nouvelle-Calédonie.

Cas des lois du pays de la Nouvelle-Calédonie. L'article 3 de la loi organique du 10 décembre 2009 a expressément prévu que les dispositions d'une loi du pays de la Nouvelle-Calédonie peuvent faire l'objet d'une question prioritaire de constitutionnalité.

1.1.2. Ce qui est exclu du champ :

Certains actes votés par le Parlement ne peuvent pas être contestés par la voie de la nouvelle procédure. Ainsi, ni les règlements des assemblées, ni les résolutions mentionnées aux articles 34-1 et 88-4 de la Constitution, ni les avis prévus à l'article 88-6 ne sont des dispositions législatives. Ils ne peuvent donc faire l'objet d'une question prioritaire de constitutionnalité.

Les actes réglementaires du Gouvernement n'entrent pas dans le champ de l'article 61-1. Le contrôle de leur conformité à la Constitution continue de relever du Conseil d'Etat[3].

En particulier, tant qu'elles n'ont pas été ratifiées par le législateur, les dispositions des ordonnances prises sur le fondement des articles 38 ou 74-1 de la Constitution et qui relèvent du domaine de la loi demeurent, formellement, des actes réglementaires ; elles ne peuvent, en conséquence, faire l'objet de la nouvelle procédure (à l'inverse des lois de ratification et des ordonnances ratifiées, voir 1.1.1).

De la même manière, les décrets-lois intervenus avant l'entrée en vigueur de la Constitution de la V ème République ne sont pas, en principe, des dispositions législatives au sens de l'article 61-1 de la Constitution : pris par le Gouvernement sur la base d'une habilitation donnée par le Parlement, il s'agit d'actes réglementaires (voir CE, Ass., 25 juin 1937, *Union des véhicules industriels*). Il n'en va autrement que s'ils ont postérieurement été ratifiés ou modifiés par une loi, ou même simplement repris tels quels ou visés dans une loi.

---

[2] *Idem,* p. 45
[3] Sous réserve des dispositions de l'article 111-5 du code pénal attribuant compétence aux juridictions pénales pour apprécier la légalité des actes administratifs, y compris réglementaires, lorsque, de cet examen, dépend la solution du procès pénal qui leur est soumis.

La réforme est donc applicable dans tous les départements et toutes les collectivités d'outre-mer, ainsi qu'en Nouvelle Calédonie. Pour cette dernière, les lois de pays peuvent d'ailleurs faire l'objet d'une question prioritaire de constitutionnalité (loi organique n° 99-209 du 19 mars 1999 relative à la Nouvelle Calédonie, art. 107, al. 2, inséré par la loi organique n°2009-1523 du 10 décembre 2009, art. 3).

La mise en œuvre de la loi organique du 10 décembre 2009 relève de la compétence de l'Etat. Il s'ensuit que les dispositions insérées dans le code de procédure civile s'appliquent y compris dans les collectivités normalement compétentes pour édicter les règles de procédure civile, à savoir la Polynésie française et la Nouvelle Calédonie.

Ainsi qu'il a été indiqué, les délais de distance ne trouvent pas à s'appliquer à l'instance aux fins de renvoi se déroulant devant la Cour de cassation (voir n° 4.1.1, p. 43)

*　　*
*

Après ces trois étoiles maçon-niques

Un peu de QPC tout de même.

Tout le monde – je ne parle pas des juges – arrive à comprendre ce que j'ai écrit : que le décret n° 2011-230 vise la loi généralisant le revenu de solidarité active, et autres, mais ne vise pas la loi orga-nique 2004-192 du 27 février 2004.

Note : il faut ici que j'expose tant mon ignorance que mon intuition de l'époque : en effet, d'une part je ne savais pas avant le 30 novembre 2014 qu'il n'existe, en faits et en droit, par de loi organique n° 2004-192 dans la réalité vraie, et d'autre part, qu'en affublant cette loi où il est écrit qu'elle serait organique, de ce qu'elle est, une « loi orga-nique », c'est-à-dire avec un trait d'union entre « orga » et « nique », j'avais en fait « découvert » le pot aux roses, aux bleus et aux oranges tout à la fois… alors que c'était écrit en toutes lettres dessus.

Quoi ?

Eh bien est écrit un petit « *(1)* » entre parenthèses à la fin de ce qui est présenté comme une loi organique, et qui en fait renvoie à une loi du même numéro : 2004-192.

Et que donc la loi organique 2004-192 est la loi 2004-192.

Et vice-versa ?

Et bien non.

En tout cas pas en droit autre que maçon-nique s'entend puisque sur le site www.legifrance.gouv.fr, en cherchant la loi n° 2004-192 on tombe sur celle, organique, n° 2004-192 exclusivement.

Point de « loi 2004-192 ».

Alors, loi ou loi organique ?

Ma réponse : ni loi, ni loi organique mais loi orga-nique tout au plus.

Et même –nique, -nique, -nique. (*ad lib*)

Autrement dit, du vent ; rien que de l'esbroufe ; une arnaque institutionnelle de plus, un rafistolage étatique que les juges enrobés doivent faire tenir et tenir encore ; à tout prix. A coup de francs et de francs des colonies françaises du Pacifique, d'XPF, cette double devise républicaine qui contredit que l'euro est la monnaie de la France, etc… J'ai aussi déjà abordé ça dans mon livre.

Pour le (1), je reproduis ci-dessous ce que j'écris sur le sujet dans « *L'oie organique* », pages 4 à 6 :

« ... *ce petit "(1)" tout au bout - sans lequel le zéro n'existerait pas et vice-versa -, les rédacteurs éclairés l'ont mis entre parenthèses à la fin du titre de leur échafaudage orga-nique, pour mieux vouer aux gémonies, que dis-je auto-cannibaliser leur "Loi organique n° 2004-192 du 27 février 2004 portant statut d'autonomie de la Polynésie française (1)."*

Or, voici à quoi renvoie ce (1) : à une Loi n° 2004-192

La loi organique ne serait, en réalité n'est donc, qu'une loi orga-nique, c'est à dire une simple, petite, loi, tout ce qu'il y a de plus ordinaire.

Mauvais augure : cette Loi n° 2004-192 serait, par ce bluff juridictionnel à valeur constitutionnel, vampirisable à volonté jusqu'à n'en pouvoir plus, en loi organique n° 2004-192.

Et donc toute loi pourrait éventuellement s'organiquer, et ne plus être loi pour se muer en loi orga-nique ?

Et vice-versa ?

Et moi qui croyais que l'Oh-commissaire Lionel Beffre s'était lapsusé lorsque sur Polynésie 1ère le 30 novembre 2014 au journal télévisé du soir il qualifiait l'article 133 orga-nique de "L" 133 à deux reprises.

C'est lui - le directeur de la réglementation et du contrôle de la légalité - qui a subliminablement dévoilé le pot aux roses à ce jour gardé secret : en donnant l'exacte numérotation "L133" à la Loi n° 2004-192 c'est bien la loi qu'il prend en considération.

Pas la loi organique 2004-192.

(pluzz.francetv.fr/videos/jt_polynesie_,113591078.html)

Soit vas-tu me dire (non, je plaisante…)

Certes me dis-je donc tout seul : mais il reste tout de même deux lois dont l'une est orga-nique, et ayant le même numéro 2004-192.

C'est quand même bizarre tout de même, sauf, bien sûr, si la loi orga-nique s'était auto-évaporée de par cette révélation télévisuelle et qu'il n'en resterait plus qu'une en embuscade : la Loi n° 2004-192.

Auto-annihilée l'autre, l'organique : l'oie orga-nique Brigitte Girardin rétamée, et au pas de l'oie républicain ce soir-là sur Polynésie 1èr, en pas-de-loi ; organique !

Orga-nique.

Mais encore, si la loi qui était organique mais qui n'est donc plus que loi - que scribouille-je, qui depuis le (1) du 27 février 2004 n'était déjà et pour commencer, depuis cette date déjà, "que" loi -, cette loi n° 2004-192 pouvait-elle porter statut de quoi que - couac - ce soit depuis ces dix dernières années ?

*L'abracadabrantesque le disputera-t-il au légationisme ou plutôt :
est-ce là, enfin, vraiment, la fin des haricots, de ce*
que j'expose sans répit depuis une décennie, des prétoires aux geôles
de Nuutania, en passant par l'internet et sur toutes les gammes ;
sauf celle qui a fait ce 30 novembre 2014 sonner l'hallali nucléaire à
Lionel Beffre.

J'espère que cette bombe lâchée par l'haut-commis du moment
rentrera dans les mémoires plus que de rester dans le subconscient,
pour la suite de la lecture, car il y aura encore quelques passages plus
ou moins ardus, pour que le cheminement vers le 15 janvier 2015
devienne lumineux. »

Un peu comme pour l'histoire du 18ème chameau

Un père sentant sa fin prochaine prit ses dispositions pour régler sa succession. Son troupeau de chameaux devait être réparti entre ses trois fils selon l'ordre suivant : le premier, en vertu du droit d'aînesse, recevrait la moitié, le second hériterait du tiers, quant au cadet, il se contenterait du neuvième.

Lorsqu'il mourut peu après, ses fils furent bien embarrassés : le partage se révélait en effet impossible, dès lors que le troupeau s'élevait à 17 chameaux très exactement. Alors qu'ils en étaient déjà venus aux mains à propos de ce partage impossible, ils convinrent de soumettre l'affaire au juge du village voisin.

Celui-ci, après avoir entendu les parties, réfléchit, traça quelques signes dans le sable, et finalement déclara : « Prenez un de mes chameaux, faites votre partage, et, si Dieu le veut, vous me le rendrez ».

Interloqués, mais peu désireux de contredire cet homme sage, les fils s'en allèrent avec le chameau du juge. Ils ne tardèrent pas cependant à réaliser l'ingéniosité du khadi : avec 18 chameaux, le partage devenait fort aisé — chacun reçut sa part et le 18ème chameau ne manqua pas d'être aussitôt restitué au juge, qui l'avait prédit.

Il en va ainsi de tous nos problèmes quotidiens. La solution ne se trouve pas dans les chiffres, les calculs, les réflexions, l'analyse… mais dans l'Infini.

http://lajournalisteitpinketgreen.over-blog.com/article-e-56625288.html

Re-lecture

Et voilà donc comment il faut re-lire aujourd'hui - à la lumière de ce « *(1)* » qui atomise la loi organique 2004-192 en loi 2004-192 fantôme -, ce que j'écrivais le 3 mai 2011 dans ce recours n° 348975 qui tout de même ratissait déjà large :

« L'exception d'illégalité est donc soulevée ici en ce que tant la loi, que l'ordonnance, que le décret visés excluent « la Polynésie française » et donc les citoyens français - dont le soussigné - résidant « au sein de la république française » comme gravé dans l'art. 1 de la loi orga-nique 2004-192, du champ d'application du décret 2011-230. »

Donc d'un côté j'opposais loi, ordonnance et décret, à « *la Polynésie française* » et ses citoyens français.

C'était déjà pas mal. Certes je me basais sur « l'oie » orga-nique et son article 1er pour étaler ma science.

Avec le recul, il ne faut donc plus garder aujourd'hui que la première partie : loi, ordonnance et décret *vs* « *la Polynésie française* » et ses citoyens français.

Adieu donc, veau, vache, cochon, couvée et l'oie orga-nique pour ne plus garder que (le statut de) « *la Polynésie française* » - avec des guillemets, et encore ! -, et les nationaux français ainsi statutisés, autonomisés, et lobotomisés pour la grande partie.

Je mettais également sur le tapis, ce 3 mai 2011, que « *Ces loi, ordonnance et décret seront écartés en ce qu'ils créent une inégalité entre citoyens français d'une part, et d'autre part en ce que des non-citoyens français peuvent sur le territoire européen de la république française bénéficier « d'avantages » auxquels les français de « la Polynésie française » n'ont droit, violation du principe FM d'égalité des droits, de la liberté et de la fraternité, affichée au fronton de toutes les communes et tribunaux de France et de Navarre, y compris dans le statut de « la Polynésie française »... »*

Pour les ni-ni-tiés : FM = franc-maçon, et l'expression « *statut de « la Polynésie française »* » vise plus ledit statut que ladite Polynésie française puisque cette dernière, n'existe (sic) que... statutairement.

Et encore !

Une loi ne pouvant porter statut et la loi orga-nique le portant, mais elle-même n'étant que loi, la française Polynésie n'est donc pas même « *statut de* », ceci ou cela.

Clair.

Clair ?

Pas pour les juges, en tout cas pas pour le moment puisque pour m'écarter, le conseiller d'Etat Thierry Tuot aura brandi son épée en plastique : amende pour recours abusif : 2 000 euros. Une misère.

Hoffer :   0
Tuot   : 2 000 écrivais-je plus haut.

En effet, j'étais habitué à mieux de la part de Thierry Tuot, et voici une toute petite sélection d'amendes :

Recours n° 350425 : 22/09/2011 : 3 000 euros
Recours n° 338625 : 21/10/2010 : 3 000 euros
Recours n° 344306 : 03/12/2010 : 3 000 euros
Recours n° 329990 : 23/02/2011 : 3 000 euros

Même que pour ce dernier recours, son ordonnance a du être rectifiée par Bernard « *Dieudo* » Stirn le 15 mars 2011…

N° 329477, 329538, 329990, 330890

AU NOM DU PEUPLE FRANÇAIS

LE PRÉSIDENT DE LA SECTION DU CONTENTIEUX DU CONSEIL D'ETAT

Vu le code de justice administrative, notamment son article R. 741-11 modifié par l'article 30 du décret n° 2010-164 du 22 février 2010 ;

Vu la décision du Conseil d'Etat n°s 329477, 329538, 329990, 330890, statuant au contentieux, 10ème et 9ème sous-sections réunies, en date du 23 février 2011, rendue sur les requêtes du SYNDICAT NATIONAL DES ENSEIGNEMENTS DE SECOND DEGRE, de la FEDERATION SYNDICALE UNITAIRE, de M. René HOFFER ainsi que du SYNDICAT DES AVOCATS DE FRANCE et de MM. Jean-Louis BORIE et Didier LIGER ;

Considérant qu'aux termes de l'article R. 741-11 du code de justice administrative modifié par l'article 30 du décret n° 2010-164 du 22 février 2010 : « *Lorsque le président du tribunal administratif, de la cour administrative d'appel ou, au Conseil d'Etat, le président de la section du contentieux constate que la minute d'une décision est entachée d'une erreur ou d'une omission matérielle non susceptible d'avoir exercé une influence sur le jugement de l'affaire, il peut y apporter, par ordonnance rendue dans le délai d'un mois à compter de la notification des parties, les corrections que la raison commande. (...)* »

Considérant qu'une erreur matérielle est intervenue dans la décision précitée ; qu'il convient dès lors de la rectifier ;

ORDONNE :

Article 1er : Le dernier considérant est modifié ainsi qu'il suit :

- les mots « L'article R. 741-2 » sont remplacés par les mots « L'article R. 741-12 ».

Article 2 : L'article 3 du dispositif est modifié ainsi qu'il suit :

- les mots « receveur général des finances » sont remplacés par les mots « trésorier payeur général de la Polynésie ».

Article 3 : La présente ordonnance sera notifiée à M. René HOFFER.
Copie en sera adressée au SYNDICAT NATIONAL DES ENSEIGNEMENTS DE SECOND DEGRE, de la FEDERATION SYNDICALE UNITAIRE, au SYNDICAT DES AVOCATS DE France, à M. Jean-Louis BORIE, à M. Didier LIGER, au Premier ministre, au garde des sceaux, ministre de la justice et des libertés, au ministre de l'intérieur, de l'outre-mer et des collectivités locales, au trésorier payeur général de la Polynésie et au président de la 10ème sous-section du contentieux du Conseil d'Etat.

Fait à Paris, le 15 mars 2011
Bernard STIRN

Pour expédition conforme
Le secrétaire du contentieux

Claire JAMES

Le RSA/TVA

J'avais aussi émis une idée intéressante en faisant un petit-pont avec le système de la TVA :

« En clair, comme pour la TVA au taux zéro, le RSA et le RMI ne peuvent bénéficier à cette catégorie de français autrement qu'au taux zéro et pour un montant zéro (sic), c'est-à-dire que l'application des RSA et RMI dans le statut de « la Polynésie française » est de zéro centime d'euro, voire de zéro franc des colonies françaises du Pacifique. Tout au plus (sic). »

Autrement dit, je démontrai que le RSA est un droit pour tous les français pouvant en être allocataires mais que certains pouvaient percevoir quelques euros et d'autres rien, du fait certainement des blanchiments d'XPF, ces francs des colonies françaises du Pacifique qui ont cours légal dans le simili-statut de « *la Polynésie française* », etc…

Et j'ajoutais : « *le soussigné, résidant tantôt « au sein de la république française » à Geispolsheim, tantôt à Punaauia…* »

Et je relevais aussi une discrimination entre détenteurs de passeport européen de nationalité française.

Ensuite, que « *Le décret relève encore de l'excès de pouvoir en ce qu'il fait une distinction entre RSA et RMI, non pas en fonction de la citoyenneté mais du lieu géographique de son application alors même qu'il n'est publié qu'au journal officiel de la république française et pas dans celui de la Martinique ou la Guyane par exemple…* »

Et j'en venais à l'objet du recours : « *… ce montant est bien trop inférieur à ce que voudrait laisser entendre son intitulé qui comporte le mot « solidarité ». Active de surcroît, avant de devenir corvéable… En effet, la « revalorisation » au 1ᵉʳ janvier 2011, de 1,5 % passe ainsi de 460,09 € à 466,99 € par mois pour une personne seule.* »

Et d'anticiper : « *En l'espèce, les droits acquis du soussigné à Geispolsheim (France) lui seront retirés dès son retour prochain à TAHITI alors même qu'il n'aura pas changé de nationalité. (…) Mieux : que des personnes de nationalité autre que française, pourront continuer, elles, à percevoir le RSA du fait qu'elles résideront sur une autre partie « au sein de la république française », à Mayotte par exemple, matérialisant une discrimination entre français d'une part et entre français et étrangers/européens d'autre part.* »

Et je citais même : « *Patrick Buisson, actuel conseiller du président de la république, et ancien dirigeant du journal d'extrême droite « Minute », « plaide pour une grande loi de réhabilitation du travail ; elle lutterait contre l'assistanat en réservant par exemple le RSA et le RMI aux Français ….* ». *Si ces propos ont été retirés et* que Paris-Match a publié sur son site, dans l'après-midi du jeudi 31 mars, une version remaniée de son article, il n'en demeure pas moins que le RSA en tant que tel ou sous son appellation exotique RMI est de l'assistanat, c'est-à-dire contraire à la dignité humaine d'une part, et d'autre part qu'il est bien destiné aux français. Ceci n'a pas été retiré. Or le soussigné est autant français en Alsace que Monsieur Nicolas SARKÖZY de NAGY-BOCSA a située en Allemagne le 19 janvier 2011, qu'à TAHITI, « pays d'outre-mer » inventé par les UMP tout comme les z'outre-mer d'ailleurs dont 2011 est l'année et qui n'en est qu'à son commencement. Quant à l'auteure de l'article, Elisabeth Chavelet, elle précise: « M. Buisson n'a pas dit qu'il fallait réserver le RSA et le RMI aux Français! D'ailleurs, ce serait anticonstitutionnel. ». Et vice-versa. CQFD. Quant au secrétaire général adjoint de l'UMP Marc Philippe Daubresse : « La préférence nationale n'a jamais fait partie, ni hier ni aujourd'hui, du programme de l'UMP (…) Nous sommes favorables à une aide sociale pour les immigrés en situation régulière. » »

Déduisant :
« Autant dire que si le RSA/RMI relève de l'assistanat, il relève de l'aide sociale et que rien n'autorise le décreteur n° 2011-230 à faire l'impasse sur l'attribution du RSA/RMI à des immigrés et pas à des Français souchiens de « la Polynésie française ». »

Hugh ! J'ai dit !

Je citai encore : « *Un Français sur deux vit avec au moins 1580 euros par mois. La pauvreté stagne depuis 2002, montre l'Insee dans son étude annuelle sur les revenus.* »

Et j'anticipais sur « *L'austérité pour tous, sauf pour les candidats à la présidentielle. En 2012, au premier tour, chaque candidat pourra dépenser pour sa campagne jusqu'à 16,851 millions d'euros. (…) J-C Slovar.* »

En effet, je ne pouvais savoir le 3 mai 2011 qu'en plus de ces 16,851 millions d'euros, l'alors premier magistrat « de France » et futur candidat Nicolas Sarközy de Nagy-Bocsa allait en plus frauder et alors même que Mouamar Kadhafi n'avait pas encore été buté. (Affaire n° 13-156 du 4 juillet 2013 où j'étais intervenu afin que soient inclus les francs des colonies françaises du Pacifique récoltés durant la campagne par François Baroin notamment).

Extrait de la décision n° 13-156 du Concon :
« *1. Considérant que M. René Hoffer et M. Raymond Avrillier ont demandé à intervenir dans la présente instance ; qu'ils ne justifient toutefois pas d'un intérêt leur donnant qualité pour intervenir ; que, dès lors, ces demandes doivent, en tout état de cause, être rejetées* »
http://www.conseil-constitutionnel.fr/conseil-constitutionnel/francais/les-decisions/acces-par-date/decisions-depuis-1959/2013/2013-156-pdr/decision-n-2013-156-pdr-du-04-juillet-2013.137580.html

Et je portai l'estocade : « *Enfin, Monsieur Dominique Galouzeau de Villepin (ex-Premier ministre non élu de la république et donc président en son temps du conseil d'Etat), qui initia les « suivi mensuel personnalisé », « contrat nouvelle/première embauche » et « bouclier fiscal » à 60%, c'est-à-dire, un initié, propose un Revenu Citoyen de 850 € que d'aucuns ont osé appeler un RSA de luxe (sic) alors même que la nature profondément antisociale de ses actions passées (intensification du contrôle des chômeurs, de la précarisation de l'emploi et des cadeaux fiscaux aux plus riches…) sont encore dans la mémoire collective ; ce revirement est en lui-même éloquent de réalisme.* »

Et dénonçai : « *Le conseil d'Etat censurera donc le décret en ce qu'il a fixé une somme bien inférieure à ce que son ex-président en personne décrit comme le strict nécessaire (…) Enfin, en 2008 le seuil de pauvreté était fixé à 950 €/mois pour une personne seule. En 2011, l'ex-président du conseil d'Etat, ensemble ses 850 euros c'est-à-dire moins que le seuil de pauvreté d'il y a trois ans est donc même inférieur au seuil de pauvreté. Les 466,99 ne représentent pas même un demi-seuil de pauvreté inversée (sic). Là le conseil d'Etat pourra faire valoir son pouvoir inquisitoire pour ordonner au décréteur de justifier l'augmentation de 1,5% pour aboutir au montant doublement inférieur au seuil de pauvreté de 466,99 euros mensuels tant pour le RSA que le RMI.* »

Voici donc cette question prioritaire de constitutionnalité que j'avais laborieusement rédigée.

Le président de « *la Polynésie française* », des françaises et des français
René, Georges, HOFFER
2, rue de la Porte basse
67118 – GEISPOLSHEIM
rollstahiti@gmail.com

CONCLUSIONS DE TRANSMISSION D'UNE
QUESTION PRIORITAIRE DE CONSTITUTIONNALITE (*QPC*)
(Décret 2011-230 du 1er mars 2011)

<blockquote>
A
Monsieur le vice-président du conseil d'Etat
Jean-Marc SAUVé
1, place du Palais royal
Paris (France)
</blockquote>

En présence de :
Monsieur le procureur

Préalablement.

Vu **la circulaire** du 24 février 2010, pour application au 1er mars 2010, n° CIV/04/10, n° nor JUSC1006154C, référence de classement C3/1-5-5bis/EdL ayant pour objet la loi orga-nique n° 2009-1523 du 10 décembre 2009 relative à l'application de l'article 61-1 de la constitution et le décret n° 2010-148 du 16 février 2010 portant application à cette loi orga-nique;

Vu que cette circulaire s'adresse expressément à « *Mesdames et Messieurs les **Premiers Présidents** des Cours d'appel (…) (Métropole et **Outre-Mer**)* »;

Vu de surcroît les modalités de sa diffusion: « *Diffusion assurée par le Ministère de la Justice et des Libertés En 1 exemplaire aux chefs de la Cour de cassation et, par messagerie, **aux chefs des cours d'appel à charge pour eux d'en assurer la diffusion à tous les magistrats et juges de toutes les juridictions de droit commun et d'attribution de leur ressort, ainsi qu'aux magistrats du parquet et aux chefs de greffe.*** »;

Vu qu'y est par ailleurs visé une décision « *Outre-Mer* » (sic) du **conseil d'Etat**, en ces termes: « *Cas des ordonnances des articles 38 et 74-1 de la Constitution. Dès lors qu'elles ont été ratifiées par le législateur, les ordonnances de l'article 38 acquièrent rétroactivement valeur législative (voir, par exemple, **CE, 8 décembre 200, Hoffer et autres, n° 199072**). Il en est de même des ordonnances de l'article 74-1 de la Constitution, **propres aux collectivités d'outremer** visées à l'article 74 **et à la** Nouvelle-Calédonie.* »

Vu que le « Cas des **lois du pays** *de la Nouvelle-Calédonie.* » y figure même, et qu'y est mentionné « *L'article 3 de la loi organique du 10 décembre 2009 a expressément prévu que les dispositions d'une loi du* **pays de la Nouvelle-Calédonie** *peuvent faire l'objet d'une question prioritaire de constitutionnalité.* », les présentes conclusions de transmission de question prioritaire de constitutionnalité prospéreront et ce d'autant plus que la jurisprudence CE 199072 (**Hoffer**) porte sur l'ordonnance n° 98-525 du 24 juin 1998 modifiant « les » codes des douanes et les transferts financiers avec « l'étranger » par rapport à TAHITI, la Nouvelle-Calédonie et Wallis et Futuna...

1 – Sur le fondement procédural de la saisine

Le soussigné entend saisir le conseil constitutionnel selon mémoire distinct et visé par le greffier sur le fondement des dispositions de l'article 61-1 de la Constitution du 04 octobre 1958 aux termes desquelles :

« Lorsque, à l'occasion d'une instance en cours devant une juridiction, il est soutenu qu'une disposition législative porte atteinte aux droits et libertés que la Constitution garantit, le Conseil Constitutionnel peut être saisi de cette question sur renvoi du Conseil d'Etat ou de la Cour de Cassation qui se prononce dans un délai déterminé ».

Par application de l'article 23-1 de l'ordonnance n° 58-1167 du 07 novembre 1958 telle que modifiée par la loi orga-nique n° 2009-1523 du 10 décembre 2009 relative à l'application de l'article 61-1 de la constitution, le moyen est tiré de ce qu'une disposition législative porte atteinte aux droits et libertés garantis par la constitution peut être soulevé devant les juridictions relevant du conseil d'Etat ou de la cour de cassation. Ce moyen doit être présenté, à peine d'irrecevabilité, dans un écrit distinct et motivé.

L'article 23-2 de l'ordonnance n°58-1067 du 07 novembre 1958 précitée énonce

« Les juridictions statuent sans délai par une décision motivée sur la transmission de la question prioritaire de constitutionnalité au Conseil d'Etat ou à la Cour de Cassation. Il est procédé à cette transmission si les conditions suivantes sont remplies :

1° La disposition contestée est applicable au litige ou à la procédure, ou constitue le fondement des poursuites ;

2° Elle n'a pas été déjà déclarée conforme à la constitution dans les motifs et le dispositif d'une décision du conseil constitutionnel, sauf changement des circonstances ;

3° La question n'est pas dépourvue de caractère sérieux.

En tout état de cause, la juridiction doit, lorsqu'elle est saisie de moyens contestant la conformité d'une disposition législative, d'une part, aux droits et libertés garantis par la Constitution et, d'autre part, aux engagements internationaux de la France, se prononcer par priorité sur la transmission de question de constitutionnalité au Conseil d'Etat ou à la Cour de Cassation ».

2.– Sur les dispositions législatives contestées

Il s'agit de l'article 35 de la loi n° 2008-1249 du 1er décembre 2008 généralisant le revenu de solidarité active, en ce que cet article omet son application à la collectivité territoriale de « *la Polynésie française* » alors même que le ministre tutélaire - de l'outre-mer - en est l'un des signataires.

En effet, l'article 72 de la Constitution prévoit : « *Les collectivités territoriales de la République sont les communes, les départements, les régions, les collectivités à statut particulier et les collectivités d'outre-mer régies par l'article 74.* »

L'article 72-1 ânonne : « *Dans les départements et les régions d'outre-mer, les lois et règlements sont applicables de plein droit… Par dérogation au premier alinéa et pour tenir compte de leurs spécificités, les collectivités régies par le présent article peuvent être habilitées, selon le cas, par la loi ou par le règlement, à fixer elles-mêmes les règles applicables sur leur territoire, dans un nombre limité de matières pouvant relever du domaine de la loi ou du règlement. Ces règles ne peuvent porter sur la nationalité, les droits civiques, les garanties des libertés publiques, l'état et la capacité des personnes…. Cette énumération pourra être précisée et complétée par une loi organique.* »

Le 72-3, le seul à mentionner « *la Polynésie française* » dit : « *La République reconnaît, au sein du peuple français, les populations d'outre-mer, dans un idéal commun de liberté, d'égalité et de fraternité.* »

Il ressort donc que l'article 35, signé par le ministre de l'outremer ne rend pas applicable la loi 2008-1249 généralisant le RSA à la population européenne de nationalité française « d'outre-mer » de « la Polynésie française », contrevenant à l'égalité entre citoyens de nationalité française mais aussi à la fraternité toute maçon-nique républicaine.

Alors que le préambule de la Constitution démarre ainsi: « *Le peuple français proclame solennellement son attachement aux Droits de l'homme… En vertu de ces principes… la République offre aux territoires d'outre-mer… l'idéal commun de liberté, d'égalité et de fraternité* » (sans guillemets et avec minuscules à liberté, égalité et fraternité). L'article 2, guillemets compris, arrête, lui : « *La devise de la République est « Liberté, Égalité, Fraternité »* ».

Vu ce qui précède, la non-application de la loi n° 2008-1249 au statut de « pays d'outre-mer » de « la Polynésie française », implicitement exclue de son champ d'application, contrevient aussi à l'article 1er de la loi n° 2008-1249 elle-même, qui démarre ainsi : « *I.-Il est institué un revenu de solidarité active qui a pour objet d'assurer à ses bénéficiaires des moyens convenables d'existence…* »

En effet, le terme « bénéficiaires » est sélectif et ne concerne donc que les français concernés par l'article 35 et les étrangers. Mais pas les français citoyens du « pays d'outre-mer » (sic) de « la Polynésie française » comme le soussigné qui ne pourra plus relever des bénéficiaires du RSA une fois retourné dans le statut de la collectivité exclue de l'article 35.

Cette discrimination entre français en fonction du lieu de séjour, de domiciliation ou de résidence au sein de la république française comme précisé par l'article 1er de la loi orga-nique 2004-192 contrevient à la liberté de résider au sein de la république française, à l'égalité sur cette même base, de citoyens nationaux et même la fraternité est atteinte par l'intitulé de l'aide aux bénéficiaires reposant sur la solidarité.

Enfin, alors qu'aucune possibilité n'est prévue pour pouvoir bénéficier (sic) du RSA, pour des français de l'article 74 de la Constitution, ce droit leur est acquis du simple fait d'une transplantation territoriale, rendant la discrimination d'autant plus aléatoire que le RSA peut être attribué à la même personne ou pas, en fonction du seul critère de séjour ; nouvelle discrimination, en fait ségrégation, inconstitutionnelle.

D'ailleurs le décret d'application :
- vise la loi n° 2008-1249 du 1er décembre 2008 généralisant le revenu de solidarité active et réformant les politiques d'insertion, l'ordonnance n° 2010-686 du 24 juin 2010 portant extension et adaptation dans les départements d'outre-mer, à Saint-Barthélemy, Saint-Martin et Saint-Pierre-et-Miquelon et vu le décret n° 2009-404 du 15 avril 2009 modifié relatif au revenu de solidarité active, notamment son art.1er ;
- ne vise pas la loi orga-nique 2004-192 du 27 février 2004 ayant créé un « pays d'outre-mer » non prévu par la Constitution (Note secrète n° 369253 du 9 octobre 2003 du conseil d'Etat), ni celle ayant créé le premier « Département » (Mayotte).

A cet effet, Monsieur Patrick Buisson, actuel conseiller du président de la république, et ancien dirigeant du journal d'extrême droite « Minute », *« plaide pour une grande loi de réhabilitation du travail ; elle lutterait contre l'assistanat en réservant par exemple le RSA et le RMI aux* Français .... ». Si ces propos ont été retirés et que Paris-Match a publié sur son site, dans l'après-midi du jeudi 31 mars, une version remaniée de son article, il n'en demeure pas moins que le RSA, s'il n'est pas réservé aux seuls français, leur revient néanmoins dans l'esprit de la loi ; en tout cas dans celui du ci-devant Patrick Buisson.

Quant à l'auteure de l'article, Elisabeth Chavelet, elle précise: « *M. Buisson n'a pas dit qu'il fallait réserver le RSA et le RMI aux Français! D'ailleurs, ce serait anticonstitutionnel.* ». Et vice-versa. CQFD.

Quant au secrétaire général adjoint de l'UMP Marc-Philippe Daubresse : *« La préférence nationale n'a jamais fait partie, ni hier ni aujourd'hui, du programme de l'UMP (…) Nous sommes favorables à une aide sociale pour les immigrés en situation régulière. »* Autant dire que si le RSA/RMI relève de l'assistanat, il relève de l'aide sociale et que rien n'autorisé le décreteur n° 2011-230 a faire l'impasse sur l'attribution du RSA/RMI à des immigrés et pas à des Français souchiens de « la Polynésie française ».

L'organisation mondiale du travail a tout autant demandé la mise en place d'une caisse d'allocations chômage dans le statut de « *la Polynésie française* » par exemple. Cette carence ne saurait préjudicier, dans l'attente d'une telle mise en place, aux citoyens français pouvant relever du RSA à TAHITI.

3/ Sur les conditions de la transmission de la question prioritaire de constitutionnalité
3.1 La disposition contestée est applicable au litige ou à la procédure

Le soussigné est directement concerné en ce qu'il remplit les conditions d'attribution du RSA et en bénéficie depuis quelques mois passée sur le territoire dénommé « France » par l'article R.151-1 du code monétaire et financier alors que d'ici quelques jours il s'en retournera à TAHITI qui n'est pas « l'étranger » même pour les statistiques, comme le sont les royaumes républicains français de Wallis et Futuna de ce même article R.151-1.

La question posée est d'autant plus déterminante que les décisions du conseil constitutionnel s'imposent à toutes les autorités politiques, administratives et juridictionnelles.

Par un arrêt de l'Assemblée du 20 décembre 1985, SOCIETE DES ETABLISSEMENTS OUTTERS, le conseil d'Etat a expressément reconnu être lié par la jurisprudence du conseil constitutionnel et a considéré devoir faire une application de la loi qui soit conforme à l'interprétation donnée par le conseil constitutionnel.

Le conseil d'Etat étend logiquement sa jurisprudence aux réserves d'interprétation posées par le conseil constitutionnel.
(cf Arrêt d'Assemblée du 11 mars 1994 SA 5)

Tout comme "*... n'est pas détachable de l'exercice par le Conseil constitutionnel de ses compétences la décision de...*" (CE 281044, Hoffer) http://www.conseil-constitutionnel.fr/conseil-constitutionnel/root/bank_mm/dossiers_thematiques/referendum_2005/281044_ce_020605.pdf)

La Cour de Cassation a également reconnu l'autorité des décisions rendues par le Conseil Constitutionnel par un arrêt d'Assemblée plénière du 10 octobre 2001.

3.2 La question de la conformité à la Constitution du revenu de solidarité active, pour une même personne de pouvoir en bénéficier ou pas en fonction de son lieu de résidence au sein de la république française et eu égard à la devise « Liberté, égalité, fraternité » n'a jamais été examinée par le Conseil Constitutionnel et alors même que le seul fait de résider à tel endroit permet à une même personne d'être bénéficiaire du RSA, y compris pour des non-nationaux.

C'est à cette question que le conseil constitutionnel répondra pour statuer sur l'inconstitutionnalité de la non-extension aux français résidant au sein de la république française ailleurs que prévu par l'article 35.

A supposer même que le conseil constitutionnel ait eu à connaître de l'une ou l'autre des dispositions attaquées, l'arrêt CE 311136 (François **Ho**llande), sur le décompte par le CSA du temps de parole du président de la république *http://www.lepoint.fr/medias/document.html?did=163665*) a prouvé qu'une jurisprudence du conseil d'Etat et *a fortiori* du conseil constitutionnel peut être renversée (**Ho**ffer CE 279259, rejet basé sur la "*tradition républicaine*"... et les principes généraux du droit!) remplissant, au sens de l'article 23-2 de l'ordonnance n°58-1067 du 07 novembre 1958 un changement des circonstances de droit.

3.3 - Sur le caractère sérieux de la question

- Les sources d'inspiration du Conseil Constitutionnel:

La jurisprudence du conseil constitutionnel se fixe comme objectif d'assurer la cohérence de la hiérarchie des normes et à homogénéiser le droit national et le droit conventionnel tel que celui posé par la convention "européennee de sauvegardes des droits de l'Homme et des libertés fondamentales, ou encore la conformité à la constitution française de lois orga-niques de pays tiers, sui generis, d'outre-mer ou de royaumes français, au sein de la république française (2004-490 DC par exemple).

Le conseil constitutionnel vise expressément dans ses décisions la convention "européenne" de sauvegardes des droits de l'Homme et des libertés fondamentales. (cf par exemple décision n°2004-505 DC du 19 novembre 2004)

Il est remarquable en outre de souligner ici, que les dispositions de l'article 55 de la Constitution prévoient que les règles dégagées notamment par la CESDHLF mais aussi des traités internationaux REGULIEREMENT ratifiés, doivent prévaloir sur la loi française.

– Les fondements juridiques de la demande

* L'égalité des citoyens devant une loi portant sur la liberté publique garantissant un minimum vital.

Selon la jurisprudence du conseil constitutionnel, la liberté individuelle découle de l'article 66 de la Constitution du 04 octobre 1958 (voir par exemple décision 109 DC dite prévention de l'émigration; décision 127 DC dite Sécurité et liberté) La liberté de résider au sein de la république française ne saurait pénaliser le bénéficiaire du RSA ou conditionner le versement d'un RSA.

En 1994, par sa décision bioéthique, le conseil constitutionnel a également rattaché la liberté individuelle aux articles 1°, 2° et 4° de la déclaration des droits de l'Homme.

Le conseil constitutionnel a par ailleurs considéré que toute personne devait bénéficier de la liberté individuelle et ce, quelle que soit sa nationalité.
(cf décision 109 DC dite sécurité liberté)

En l'espèce, le soussigné est détenteur d'un passeport européen et contrairement à tel Nicolas SARKÖZY de NAGY BOCSA est né de parents et de grands parents nés en France, en Alsace!

Il a par ailleurs la nationalité française.

C'est donc cette cause de liberté individuelle qui est ici proposée à la transmission au conseil constitutionnel..

* Le droit à un procès équitable

Dans sa décision du 27 juillet 2006, le conseil constitutionnel a reconnu la valeur constitutionnelle du droit à un procès équitable par référence à l'article 16 de la déclaration des droits de l'Homme et du citoyen de 1789.

Selon le conseil constitutionnel, « le principe des droits de la défense [...] implique en particulier l'existence d'une procédure juste et équitable ».
(cf décision 510 DC du 20 janvier 2005 considérant 22)

Le droit à un "procès" équitable et le respect des droits de la défense impliquent nécessairement que d'une part il puisse y avoir une procédure, et d'autre part que la défense puisse... se défendre.

C'est-à-dire qu'en étant exclu par l'article 35 de la loi n° 2008-1249 des bénéficiaires du RSA, il est porté atteinte au droit à un procès équitable puisque par abstention il ne peut y avoir de procès….

C'est à dire que le soussigné est littéralement empêché de faire valoir son bon droit.

Ironie ou rétablissement du Droit: la question prioritaire de constitutionnalité permet depuis le 1er mars 2010 à un justiciable, de faire abroger une loi, redonnant au peuple souverain le pouvoir qui comme en l'espèce lui a trop longtemps été confisqué.

PAR CES MOTIFS

Vu l'article 61-1 de la Constitution du 04 octobre 1958
Vu l'article 23-2 de l'ordonnance n°58-1067 du 07 novembre 1958
Vu le mémoire distinct de question prioritaire de constitutionnalité

Constater que le conseil constitutionnel n'a jamais été saisi de cette question,

En conséquence, conformément au terme de l'article 23-2 de l'ordonnance n°58-1067 du 07 novembre 1958, "transmettre" au conseil constitutionnel la question prioritaire de constitutionnalité objet du mémoire distinct.

Le 10 mai DEUX011

Le président de "*la Polynésie française*", des françaises et des français
René, Georges, HOFFER

Fastidieuses QPC

La QPC a ça de particularité, c'est que sa rédaction est fastidieuse, un peu comme si les neuf et quelques sages – et avant eux les conseillers d'Etat français- étaient des demeurés et qu'il fallait à chaque QPC leur en rappeler le B.A. BA ; qu'ils ne seraient pas capables d'avoir assimilé dès les premières QPC le fait que tel article de la Constitution, dans telles conditions, permet de poser une question prioritaire de constitutionnalité.

Alors ce formalisme exige tout d'abord des écritures de « transmission » - permettant un premier filtre -, et, en changeant un peu les mots, finalement c'est un « mémoire » qui devra compléter l'assemblage de la QPC.

Voici ce qu'écrivent feu-Guy Carcassonne et Olivier Duhamel dans « *QPC la question prioritaire de constitutionnalité* », Dalloz, page 78 : « *(…) Il va de soi que les saisissants aient pu être maladroits et passer à côté d'un moyen qui, soulevé, eût pu se relever décisif. C'est alors au Conseil lui-même qu'il faut faire confiance pour penser que, si un tel moyen avait existé, il ne lui aurait pas échappé. Mais n'est-ce pas là présumer quelque peu de ses forces. (…) On voudrait croire qu'il s'agit là d'une hypothèse d'école. Mais ce n'est pas faire insulte au Conseil que d'imaginer qu'elle puisse se rencontrer. (…)* ».

S'il y a un de mes lecteurs qui fait partie de ceux qui font confiance au conseil d'Etat français, merci de me le faire savoir, de préférence en m'envoyant l'arrêt qui pourrait me permettre de m'assurer moi-même que ça existe…

Tout ça pour dire que ce qui précède sont donc les écritures de transmission et ce qui suit, le mémoire.

A noter qu'il ne faut bien sûr pas prendre exemple sur ma rédaction des QPC, transmission et/ou mémoire, puisque moi-même j'ai pioché çà et là des bribes pour arriver à ce résultat plus que laborieux, le pom-pom étant de ne surtout pas omettre de préciser l'adresse e-mail même si je défie quiconque d'avoir été contacté par e-mail par le conseil d'Etat, *a fortiori* par le Concon.

C'est sûr que ce charabia simili-constitutionnel est destiné à en décourager plus d'un…

Le président de « *la Polynésie française* », des françaises et des français
René, Georges, HOFFER, 2, rue de la Porte basse 67118 – GEISPOLSHEIM
rollstahiti@gmail.com

MEMOIRE DE
QUESTION PRIORITAIRE DE CONSTITUTIONNALITE (*QPC*)

A
Monsieur le président du conseil constitutionnel DEBRE *fils*
Madame et Messieurs les membres du conseil constitutionnel

En présence de : Monsieur le procureur

Préalablement.

Vu **la circulaire** du 24 février 2010, pour application au 1er mars 2010, n°
CIV/04/10, n° nor JUSC1006154C, référence de classement C3/1-5-5bis/EdL
ayant pour objet la loi orga-nique n° 2009-1523 du 10 décembre 2009 relative à
l'application de l'article 61-1 de la constitution et le décret n° 2010-148 du 16 février
2010 portant application à cette loi orga-nique;

Vu que cette circulaire s'adresse expressément à « *Mesdames et Messieurs les* **Premiers**
Présidents *des Cours d'appel (…)* (*Métropole et* **Outre-Mer**) »;

Vu de surcroît les modalités de sa diffusion: « *Diffusion assurée par le Ministère de la*
Justice et des Libertés En 1 exemplaire aux chefs de la Cour de cassation et, par messagerie, **aux**
chefs des cours d'appel à charge pour eux d'en assurer la diffusion à tous les
magistrats et juges de toutes les juridictions de droit commun et
d'attribution de leur ressort, ainsi qu'aux magistrats du parquet et aux chefs
de greffe. »;

Vu qu'y est par ailleurs visé une décision « *Outre-Mer* » (sic) du **conseil d'Etat**, en
ces termes: « *Cas des ordonnances des articles 38 et 74-1 de la Constitution. Dès lors qu'elles*
ont été ratifiées par le législateur, les ordonnances de l'article 38 acquièrent rétroactivement valeur
législative (voir, par exemple, **CE, 8 décembre 200, Hoffer et autres, n° 199072**). *Il en*
est de même des ordonnances de l'article 74-1 de la Constitution, **propres aux collectivités**
*d'***outremer** *visées à l'article 74* **et à la** *Nouvelle-Calédonie.* »

Vu que le « *Cas des* **lois du pays** *de la Nouvelle-Calédonie.* » y figure même, et qu'y est
mentionné « *L'article 3 de la loi organique du 10 décembre 2009 a expressément prévu que les*
dispositions d'une loi du **pays de la Nouvelle-Calédonie** *peuvent faire l'objet d'une*

question prioritaire de constitutionnalité. », les présentes conclusions de transmission de question prioritaire de constitutionnalité prospéreront et ce d'autant plus que la jurisprudence CE 199072 (**Hoffer**) porte sur l'ordonnance n° 98-525 du 24 juin 1998 modifiant « les » codes des douanes et les transferts financiers avec « l'étranger » par rapport à TAHITI, la Nouvelle-Calédonie et Wallis et Futuna...

1 – Sur le fondement procédural de la saisine

Le soussigné saisit le conseil constitutionnel sur le fondement des dispositions de l'article 61-1 de la Constitution du 04 octobre 1958 aux termes desquelles :

« Lorsque, à l'occasion d'une instance en cours devant une juridiction, il est soutenu qu'une disposition législative porte atteinte aux droits et libertés que la Constitution garantit, le Conseil Constitutionnel peut être saisi de cette question sur renvoi du Conseil d'Etat ou de la Cour de Cassation qui se prononce dans un délai déterminé ».

Par application de l'article 23-1 de l'ordonnance n°58-1167 du 07 novembre 1958 telle que modifiée par la loi organique n°2009-1523 du 10 décembre 2009 relative à l'application de l'article 61-1 de la constitution, le moyen est tiré de ce qu'une disposition législative porte atteinte aux droits et libertés garantis par la constitution peut être soulevé devant les juridictions relevant du conseil d'Etat ou de la cour de cassation. Ce moyen doit être présenté, à peine d'irrecevabilité, dans un écrit distinct et motivé.

L'article 23-2 de l'ordonnance n°58-1067 du 07 novembre 1958 précitée énonce :

« Les juridictions statuent sans délai par une décision motivée sur la transmission de la question prioritaire de constitutionnalité au conseil d'Etat ou à la cour de cassation. Il est procédé à cette transmission si les conditions suivantes sont remplies :

1° La disposition contestée est applicable au litige ou à la procédure, où constitue le fondement des poursuites ;

2° Elle n'a pas été déjà déclarée conforme à la constitution dans les motifs et le dispositif d'une décision du conseil constitutionnel, sauf changement des circonstances ;

3° La question n'est pas dépourvue de caractère sérieux.

En tout état de cause, la juridiction doit, lorsqu'elle est saisie de moyens contestant la conformité d'une disposition législative, d'une part, aux droits et libertés garantis par la constitution et, d'autre part, aux engagements internationaux de la France, se prononcer par priorité sur la transmission de question de constitutionnalité au conseil d'Etat ou à la cour de cassation ».

2.– Sur les textes déférés au contrôle du Conseil constitutionnel

<u>Il s'agit de l'article 35 de la loi n° 2008-1249</u> du 1er décembre 2008 généralisant le revenu de solidarité active, en ce que cet article omet son application à la collectivité territoriale de « *la Polynésie française* » alors même que le ministre tutélaire - de l'outre-mer - en est l'un des signataires.

En effet, l'article 72 de la Constitution prévoit : « *Les collectivités territoriales de la République sont les communes, les départements, les régions, les collectivités à statut particulier et les collectivités d'outre-mer régies par l'article 74.* »

L'article 72-1 ânonne : « *Dans les départements et les régions d'outre-mer, les lois et règlements sont applicables de plein droit... Par dérogation au premier alinéa et pour tenir compte de leurs spécificités, les collectivités régies par le présent article peuvent être habilitées, selon le cas, par la loi ou par le règlement, à fixer elles-mêmes les règles applicables sur leur territoire, dans un nombre limité de matières pouvant relever du domaine de la loi ou du règlement. Ces règles ne peuvent porter sur la nationalité, les droits civiques, les garanties des libertés publiques, l'état et la capacité des personnes.... Cette énumération pourra être précisée et complétée par une loi organique.* »

Le 72-3, le seul à mentionner « *la Polynésie française* » dit : « *La République reconnaît, au sein du peuple français, les populations d'outre-mer, dans un idéal commun de liberté, d'égalité et de fraternité.* »

Il ressort donc que l'article 35, signé par le ministre de l'outremer ne rend pas applicable la loi 2008-1249 généralisant le RSA à la population européenne de nationalité française « d'outre-mer » de « la Polynésie française », contrevenant à l'égalité entre citoyens de nationalité française mais aussi à la fraternité toute maçon-nique républicaine.

Alors que le préambule de la Constitution démarre ainsi : « *Le peuple français proclame solennellement son attachement aux Droits de l'homme... En vertu de ces principes... la République offre aux territoires d'outre-mer... l'idéal commun de liberté, d'égalité et de fraternité* » (sans guillemets et avec minuscules à liberté, égalité et fraternité). L'article 2, guillemets compris, arrête : « *La devise de la République est « Liberté, Égalité, Fraternité» ».*

Vu ce qui précède, la non-application de la loi n° 2008-1249 au statut de « pays d'outre-mer » de « la Polynésie française », implicitement exclue de son champ d'application, contrevient aussi à l'article 1er de la loi n° 2008-1249 elle-même, qui démarre ainsi : « *I.-Il est institué un revenu de solidarité active qui a pour objet d'assurer à ses bénéficiaires des moyens convenables d'existence...* »

En effet, le terme « bénéficiaires » est sélectif et ne concerne donc que les français concernés par l'article 35 et les étrangers. Mais pas les français citoyens du « pays d'outre-mer » (sic) de « la Polynésie française » comme le soussigné qui ne pourra plus relever des bénéficiaires du RSA une fois retourné dans le statut de la collectivité exclue de l'article 35.

Cette discrimination entre français en fonction du lieu de séjour, de domiciliation ou de résidence au sein de la république française comme précisé par l'article 1er de la loi orga-nique 2004-192 contrevient à la liberté de résider au sein de la république française, à l'égalité sur cette même base, de citoyens nationaux et même la fraternité est atteinte par l'intitulé de l'aide aux bénéficiaires reposant sur la solidarité.

Enfin, alors qu'aucune possibilité n'est prévue pour pouvoir bénéficier (sic) du RSA, pour des français de l'article 74 de la Constitution, ce droit leur est acquis du simple fait d'une transplantation territoriale, rendant la discrimination d'autant plus aléatoire que le RSA peut être attribué à la même personne ou pas, en fonction du seul critère de séjour ; nouvelle discrimination, en fait ségrégation, inconstitutionnelle.

D'ailleurs le décret d'application :
- vise la loi n° 2008-1249 du 1er décembre 2008 généralisant le revenu de solidarité active et réformant les politiques d'insertion, l'ordonnance n° 2010-686 du 24 juin 2010 portant extension et adaptation dans les départements d'outre-mer, à Saint-Barthélemy, Saint-Martin et Saint-Pierre-et-Miquelon et vu le décret n° 2009-404 du 15 avril 2009 modifié relatif au revenu de solidarité active, notamment son art.1er ;
- ne vise pas la loi orga-nique 2004-192 du 27 février 2004 ayant créé un « pays d'outre-mer » non prévu par la Constitution (Note secrète n° 369253 du 9 octobre 2003 du conseil d'Etat), ni celle ayant créé le premier « Département » (Mayotte).

A cet effet, Monsieur Patrick Buisson, actuel conseiller du président de la république, et ancien dirigeant du journal d'extrême droite « Minute », *« plaide pour une grande loi de réhabilitation du travail ; elle lutterait contre l'assistanat en réservant par exemple le RSA et le RMI aux* Français .... ». Si ces propos ont été retirés et que Paris-Match a publié sur son site, dans l'après-midi du jeudi 31 mars, une version remaniée de son article, il n'en demeure pas moins que le RSA, s'il n'est pas réservé aux seuls français, leur revient néanmoins dans l'esprit de la loi ; en tout cas dans celui du ci-devant Patrick Buisson.

Quant à l'auteure de l'article, Elisabeth Chavelet, elle précise: « *M. Buisson n'a pas dit qu'il fallait réserver le RSA et le RMI aux Français! D'ailleurs, ce serait anticonstitutionnel.* ».

Et vice-versa. CQFD.

Quant au secrétaire général adjoint de l'UMP Marc-Philippe Daubresse : *« La préférence nationale n'a jamais fait partie, ni hier ni aujourd'hui, du programme de l'UMP (…) Nous sommes favorables à une aide sociale pour les immigrés en situation régulière. »* Autant dire que si le RSA/RMI relève de l'assistanat, il relève de l'aide sociale et que rien n'autorisé le décreteur n° 2011-230 a faire l'impasse sur l'attribution du RSA/RMI à des immigrés et pas à des Français souchiens de « la Polynésie française ».

L'organisation mondiale du travail a tout autant demandé la mise en place d'une caisse d'allocations chômage dans le statut de « *la Polynésie française* » par exemple. Cette carence ne saurait préjudicier, dans l'attente d'une telle mise en place, aux citoyens français pouvant relever du RSA à TAHITI.

3/ Sur les conditions de la transmission de la question prioritaire de constitutionnalité
3.1 La disposition contestée est applicable au litige ou à la procédure

Le soussigné, actuellement bénéficiaire du RSA ne pourra plus en bénéficier en tant que citoyen français une fois retourné à TAHITI du fait de la non application au sein de la république française de la loi n° 2008-1249.

La question posée est d'autant plus déterminante que les décisions du conseil constitutionnel s'imposent à toutes les autorités politiques, administratives et juridictionnelles.

Par un arrêt de l'assemblée du 20 décembre 1985, SOCIETE DES ETABLISSEMENTS OUTTERS, le conseil d'Etat a expressément reconnu être lié par la jurisprudence du conseil constitutionnel et a considéré devoir faire une application de la loi qui soit conforme à l'interprétation donnée par le conseil constitutionnel.

Le conseil d'Etat étend logiquement sa jurisprudence aux réserves d'interprétation posées par le conseil constitutionnel.
(cf Arrêt d'Assemblée du 11 mars 1994 SA 5)

La cour de cassation a également reconnu l'autorité des décisions rendues par le conseil constitutionnel - depuis qu'il a été créé par "sa" constitution du 4 octobre 1958... en mars 1959 c'est à dire que la constitutionnalité du conseil constitutionnel sera elle-même soumise à sa sanction éventuellement dans une avenir proche... - par un arrêt d'assemblée plénière du 10 octobre 2001.

3.2 La question de la conformité de l'article 35 de la loi française n° 2008-1249 et ses exclusions, à la constitution n'a jamais été examinée par le conseil constitutionnel au regard de la nationalité française des bénéficiaires concernés eu égard à leur lieu de résidence, définitive, temporaire ou aléatoire au sein de la république française.

Le soussigné soumet au conseil constitutionnel la question de savoir si la Constitution impose le respect des droits à la défense, les droits de la défense, au contradictoire et autres contenus sur le corps de la présente question, impliquant cette possibilité d'un recours effectif et autres implications de Droit du fait de la carence de l'article 35 de la loi n° 2008-1249 notamment.

La question, dans les conditions sus-énoncées applicables au soussigné et en l'espèce, n'a jamais été soumise au Conseil Constitutionnel.

3.3 - Sur le caractère sérieux de la question
— Les sources d'inspiration du conseil constitutionnel

La jurisprudence du conseil constitutionnel se fixe comme objectif d'assurer la cohérence de la hiérarchie des normes et à homogénéiser le croit national et le droit conventionnel tel que celui posé par la convention "européenne" de sauvegardes des droits de l'homme et des libertés fondamentales.

Le conseil constitutionnel vise expressément dans ses décisions la convention "européenne" de sauvegardes des droits de l'homme et des libertés fondamentales. (cf par exemple décision n°2004-505 DC du 19 novembre 2004)

Selon la cour "européenne" des droits de l'Homme statuant au visa de l'article 6 paragraphe 3 de la convention "européenne" de sauvegardes des droits de l'homme et des libertés fondamentales, les droits de la défense constituent un élément essentiel du droit à un procès équitable.

Les dispositions de l'article 55 de la constitution prévoient que les règles dégagées notamment par la convention "européenne" de sauvegardes des droits de l'homme doivent prévaloir sur la loi française.

— Les fondements juridiques de la demande

* Le respect des droits de la défense rattachés à la liberté individuelle et fondamentale

Selon la jurisprudence du conseil constitutionnel, la liberté individuelle découle de l'article 66 de la Constitution du 04 octobre 1958.

En 1994, par sa décision bioéthique, le conseil constitutionnel a également rattaché la liberté individuelle aux articles 1°, 2° et 4° de la déclaration des droits de l'Homme.

En l'espèce ce prolongement s'appliquera au cas d'espèce : la liberté de pouvoir, en tant que français, de bénéficier du régime de solidarité mis en place mais excluant une partie liée à la territorialité et donc faisant une ségrégation entre français dans des situations que rien ne différencie à part le lieu.

Le conseil constitutionnel a par ailleurs considéré que toute personne devait bénéficier de la liberté individuelle et ce, quelle que soit sa nationalité. (cf décision 109 DC dite sécurité libert
* *Le droit à un procès équitable*

Dans sa décision du 27 juillet 2006, le Conseil Constitutionnel a reconnu la valeur constitutionnelle du droit à un procès équitable par référence à l'article 16 de la Déclaration des Droits de l'Homme et du Citoyen de 1789.

Dans droit (à un procès) c'est droit qui prime par-dessus "procès". En l'espèce c'est la question de l'empêchement de ce droit qui est soulevée ; le non accès à ce droit du fait de l'exclusion de l'article 35.

4 - Sur les moyens invoqués aux fins de voir déclarer non conforme à la constitution l'article 35 de la loi n° 2008-1249 du 1ᵉʳ mars 2011.

Selon le conseil constitutionnel, « le principe des droits de la défense […] implique en particulier l'existence d'une procédure juste et équitable ». (cf décision 510 DC du 20 janvier 2005 considérant 22)

Le droit à un procès équitable et le respect des droits de la défense impliquent nécessairement que procès il puisse y avoir alors que ce n'est pas le cas du fait de la carence relevée.

Il est demandé dès lors au conseil constitutionnel de déclarer l'article 35 de la loi n° 2008-1249 non conforme à la constitution en ce qu'ils ne permettent pas au(x) requérant(s) tel le soussigné de bénéficier des droits qu'il rend applicables aux français et même à des non-français, renforçant d'autant l'inconstitutionnalité.

Et répondre favorablement à la question prioritaire de constitutionnalité sur l'inconstitutionnalité soulevée

Le 10 mai DEUX011

QPC entre deux chaises

Tout ça pour ça donc, en plus pour un recours à l'évidence perdu d'avance dois-tu te dire ?

Soit, mais tout de même, voici en résumé les éléments contenus dans la QPC.

Tout d'abord, une introduction « maison », où je leur mets sous le nez leurs méfaits, exactions et autres turpitudes : leur circulaire du 24 février 2010 ayant pour objet la loi organique n° 2009-1523 du 10 décembre 2009, qui, elle, est bien une loi organique en son (1) contrairement à la loi orga-nique 2004-192 qui n'est qu'une petite loi – découverte qui pour moi date du 30 novembre 2014 et dont je fais profiter mon lecteur assidu ici ; je leur mets le nez dans le caca colonial en visant les quidams auxquels cette circulaire s'adresse : « *Mesdames et Messieurs les Premiers Présidents des Cours d'appel (…) (Métropole et Outre-Mer)* » ; je les remercie indirectement de porter à la connaissance de tout ce qui porte robe, hommes notamment et petits pois de surcroît, ma jurisprudence CE 199072 : « *Diffusion assurée par le Ministère de la Justice et des Libertés aux chefs de la Cour de cassation, aux chefs des cours d'appel à charge pour eux d'en assurer la diffusion à tous les magistrats et juges de toutes les juridictions de droit commun et d'attribution de leur ressort, ainsi qu'aux magistrats du parquet et aux chefs de greffe.* »…

C'est déjà pas mal ! Non ?

Et je leur montre même la mouche qui est tombée dedans : « *(voir, par exemple, CE, 8 décembre 200, Hoffer et autres, n° 199072)* ».

Eh oui, en l'an 200, il aurait déjà existé un René Hoffer, quérulent celui-là peut-être, au point de rendre chèvre les faiseurs de lois d'antan ?

Blague à part, il fallait tout de même que cette faute de frappe tombe sur moi !

Alors, de quelle année est cette jurisprudence ? 2000, 2001, 2002, 2003, 2004, 2005, 2006, 2007, 2008 ou 2009 ?

Gagné. Il s'agit du 8 décembre 2000.

Autre chose à relever, c'est que la Nouvelle-Calédonie française, bien que collectivité d'outremer visée à l'article 74-1, figure néanmoins 13 fois au total dans le texte de la Constitution.

A croire que c'est la Constitution de la Nouvelle-Calédonie française !

C'est pas un peu bizarre tout ça ?

Enfin, je retourne le couteau dans la plaie atomique en rappelant que ma jurisprudence CE 199072 porte sur l'ordonnance n° 98-525 du 24 juin 1998 modifiant « les » codes des douanes et les transferts financiers avec « l'étranger » par rapport à TAHITI : NC, et W-F.

Effectivement, vas-tu me dire, c'est du lourd. Du très lourd. En tonnes de francs et francs des colonies françaises du Pacifique ; en francs-or.

Sinon, rien de particulier à signaler, si ce n'est que j'expose la situation : l'article 35 de la loi n° 2008-1249 du 1er décembre 2008 généralisant le revenu de solidarité active omet son application à « *la Polynésie française* » alors même que le ministre de l'alors « *l'outre-mer* » (*vs* actuellement *« les outremer* »* (sic) aurait dû être l'un des signataires…

Que l'article 72-3 de la Constitution est le seul à mentionner « *la Polynésie française* », une seule fois (*vs* les 13 fois pour la Nouvelle-Calédonie française), et qu'il dit que « *La République reconnaît, au sein du peuple français, les populations d'outre-mer, dans un idéal commun de liberté, d'égalité et de fraternité.* »

J'en ai donc déduit que ledit article 35 non-signé par le ministre de l'outremer ne rend pas applicable la loi 2008-1249 généralisant le RSA à la population européenne de nationalité française « d'outre-mer » de « la Polynésie française », contrevenant à l'égalité entre citoyens de nationalité française mais aussi à la fraternité toute maçonnique républicaine.

Et j'expliquais l'évidence, que la non-application de la loi n° 2008-1249 au statut de « *pays d'outre-mer* » de « *la Polynésie française* », implicitement exclue de son champ d'application, contrevient aussi à l'article 1er de la loi n° 2008-1249 elle-même, qui démarre ainsi : « *I.-Il est institué un revenu de solidarité active qui a pour objet d'assurer à ses bénéficiaires des moyens convenables d'existence...* » *En effet, le terme « bénéficiaires » est sélectif et ne concerne donc que les français concernés par l'article 35 et les étrangers. Mais pas les français citoyens du « pays d'outre-mer » (sic) de « la Polynésie française » comme le soussigné qui ne pourra plus relever des bénéficiaires du RSA une fois que je serais retourné vivre dans le statut de la collectivité exclue de l'article 35, en « Polynésie française ».*

Si quelqu'un trouve que ce que j'écris est incompréhensible, dites-le moi pour que j'arrête là, la rédaction de ce livre...

Bon. Personne ne s'est manifesté. Alors je continue.

« *Cette discrimination entre français en fonction du lieu de séjour, de domiciliation ou de résidence au sein de la république française (...) contrevient à la liberté de résider au sein de la république française, à l'égalité sur cette même base, de citoyens nationaux et même la fraternité est atteinte par l'intitulé de l'aide aux bénéficiaires* reposant sur la solidarité. Enfin, alors qu'aucune possibilité n'est prévue pour pouvoir bénéficier (sic) du RSA, pour des français de l'article 74 de la Constitution, ce droit leur est acquis du simple fait d'une transplantation territoriale, rendant la discrimination d'autant plus aléatoire que le RSA peut être attribué à la même personne ou pas, en fonction du seul critère de séjour ; nouvelle discrimination, en fait ségrégation, inconstitutionnelle. (…) Le soussigné est directement concerné en ce qu'il remplit les conditions d'attribution du RSA et en bénéficie depuis quelques mois passés sur le territoire dénommé « France » par l'article R.151-1 du code monétaire et financier alors que d'ici quelques jours il s'en retournera à TAHITI qui n'est pas « l'étranger » même pour les statistiques, comme le sont les royaumes républicains français de Wallis et Futuna de ce même article (…). »

Et je portai l'estocade :

« La question de la conformité à la Constitution du revenu de solidarité active, pour une même personne de pouvoir en bénéficier ou pas en fonction de son lieu de résidence au sein de la république française et eu égard à la devise « Liberté, égalité, fraternité » n'a jamais été examinée par le Conseil Constitutionnel et alors même que le seul fait de résider à tel endroit permet à une même personne d'être bénéficiaire du RSA, y compris pour des non-nationaux. »

Et je précisai : « A supposer même que le conseil constitutionnel ait eu à connaître de l'une ou l'autre des dispositions attaquées, l'arrêt CE 311136 (François Hollande), sur le décompte par le CSA du temps de parole du président de la république http://www.lepoint.fr/medias/document.html?did=163665) a prouvé qu'une jurisprudence du conseil d'Etat et a fortiori du conseil constitutionnel peut être renversée (Hoffer CE 279259, rejet basé sur la "tradition républicaine"... et les principes généraux du droit!) », et j'aurais pu ajouter : malgré ma condamnation à 3 000 euros par ordonnance de référé n° 280703 du Bruno Genevois de service.

Eh oui, ça rejoint ce qui est écrit plus haut : « *C'est alors au Conseil lui-même qu'il faut faire confiance pour penser que, si un tel moyen avait existé, il ne lui aurait pas échappé. Mais n'est-ce pas là présumer quelque peu de ses forces* », en l'espèce, ce n'est pas ledit Bruno Genevois qui me fera un avoir de 3 000 euros du fait du retournement de jurisprudence n° 311136 ; pour erreur de droit dans ma décision n° 279259…

Dans ma QPC je rappelai aussi que « *Le droit à un "procès" équitable et le respect des droits de la défense impliquent nécessairement que d'une part il puisse y avoir une procédure, et d'autre part que la défense puisse... se défendre. C'est-à-dire qu'en étant exclu par l'article 35 de la loi n° 2008-1249 des bénéficiaires du RSA, il est porté atteinte au droit à un procès équitable* » puisque « *la Polynésie française* » n'étant pas incluse dans cet article… moi ou un français qui pourrait être attributaire du RSA partout ailleurs en France sauf au *Péï* (pour pays, prononcé à la locale) des francs et des francs des colonies françaises du Pacifique, je ne pourrai intervenir utilement pour contester cet article 35.

Le mémoire reprend les mêmes éléments.

A noter qu'il est adressé à Monsieur le président du conseil constitutionnel DEBRE *fils*. Je développerai cette singularité ultérieurement.

Et donc de poser ma question tarabiscotée : « *(…) la question de savoir si la Constitution impose le respect des droits à la défense, les droits de la défense, au contradictoire et autres contenus sur le corps de la présente question, impliquant cette possibilité d'un recours effectif et autres implications de Droit du fait de la carence de l'article 35 de la loi n° 2008-1249 notamment.* »

Là, tout le monde a le droit de n'avoir pas compris !

Moi aussi. Même toi, Thierry Tuot. Manifestement.

CONSEIL D'ETAT

Section du contentieux

N° 348975

AU NOM DU PEUPLE FRANÇAIS

LE PRÉSIDENT DE LA 10EME SOUS-SECTION
DE LA SECTION DU CONTENTIEUX

Vu la requête, enregistrée le 3 mai 2011 au secrétariat du contentieux du Conseil d'Etat, présentée par M. René Georges HOFFER, demeurant 2, rue de la Porte Basse, à Giespolsheim (67118) ; M. HOFFER demande au Conseil d'Etat d'annuler le décret n° 2011-230 du 1er mars 2011 portant revalorisation du montant forfaitaire du revenu de solidarité active et de l'allocation de revenu minimum d'insertion et de mettre à la charge de l'Etat la somme de 5 000 euros sur le fondement des dispositions de l'article L. 761-1 du code de justice administrative ;

il soutient que le décret attaqué aurait dû être contresigné par le ministre chargé de l'outre-mer dès lors qu'il s'applique outre-mer ; qu'il aurait dû mentionner le taux de revalorisation des montants retenus pour le calcul du revenu de solidarité active et du revenu minimum d'insertion, ainsi que le montant des majorations dues en fonction de la composition du foyer ; que la différence de traitement entre bénéficiaires du revenu minimum d'insertion et bénéficiaires du revenu de solidarité, en fonction de leur lieu de résidence sur le territoire français, est constitutive d'une atteinte au principe d'égalité ; que le montant de la revalorisation au 1er janvier 2011 est insuffisant au regard de l'augmentation du coût de la vie et ne permet pas de dépasser le seuil de pauvreté ; qu'ainsi qu'il ressort du mémoire distinct relatif à la question prioritaire de constitutionnalité, l'exclusion des Français résidant en Polynésie française du bénéfice de ce dispositif méconnaît le principe constitutionnel d'égalité devant la loi ;

Vu le décret attaqué ;

Vu le mémoire, enregistré le 10 mai 2011 au secrétariat du contentieux du Conseil d'État, présenté par M. HOFFER en application de l'article 23-5 de l'ordonnance n° 58-1067 du 7 novembre 1958 ; M. HOFFER demande au Conseil d'Etat, à l'appui de sa requête, de renvoyer au Conseil constitutionnel la question de la conformité aux droits et libertés garantis par la Constitution de l'article 35 de la loi n° 2008-1249 du 1er décembre 2008 ;

il soutient que ces dispositions, applicables au litige, méconnaissent, en tant qu'elles n'étendent pas le bénéfice de la loi à la Polynésie française, les principes à valeur constitutionnelle d'égalité des citoyens, de liberté de changer de lieu de résidence, de fraternité

81

et du droit à un procès équitable, les personnes résidant en Polynésie française se voyant privées de la possibilité de faire valoir leur droit au bénéfice du revenu de solidarité active ;

Vu les autres pièces du dossier ;

Vu la Constitution, notamment ses articles 61-1 et 74 ;

Vu l'ordonnance n° 58-1067 du 7 novembre 1958 ;

Vu la loi organique n° 2004-192 du 27 février 2004 ;

Vu le code de l'action sociale et des familles ;

Vu la loi n° 2008-1249 du 1er décembre 2008 ;

Vu le décret n° 2009-404 du 15 avril 2009 ;

Vu le code de justice administrative ;

Considérant que l'article R. 122-12 du code de justice administrative dispose que : « Le président de la section du contentieux et les présidents de sous-section peuvent, par ordonnance : (...) 7° Rejeter, après l'expiration du délai de recours ou, lorsqu'un mémoire complémentaire a été annoncé, après la production de ce mémoire, les requêtes ne comportant que des moyens de légalité externe manifestement infondés, des moyens irrecevables, des moyens inopérants ou des moyens qui ne sont assortis que de faits manifestement insusceptibles de venir à leur soutien ou ne sont manifestement pas assortis des précisions permettant d'en apprécier le bien-fondé » ;

Sur la question prioritaire de constitutionnalité :

Considérant que, pour demander le renvoi au Conseil constitutionnel de la question de la conformité aux droits et libertés garantis par la Constitution de l'article 35 de la loi du 1er décembre 2008 généralisant le revenu de solidarité active, M. HOFFER fait état de moyens tirés de ce que ces dispositions, en ce qu'elles omettent de mentionner la Polynésie française, seraient contraires aux principes d'égalité des citoyens, de liberté de changer de résidence et du droit à un procès équitable ; que, toutefois, l'article 74 de la Constitution dispose que les collectivités d'outre-mer ont un statut défini par une loi organique, qui fixe les conditions dans lesquelles les lois et règlements y sont applicables ainsi que les compétences qui leur sont réservées ; que, prise pour l'application de ces dispositions constitutionnelles, la loi organique du 27 février 2004 portant statut d'autonomie de la Polynésie française dispose que les autorités de la Polynésie française sont compétentes dans les matières non dévolues à l'Etat, telles que le droit de l'action sociale et des familles ; que, dès lors, M. HOFFER ne saurait utilement soutenir que l'article 35 de la loi du 1er décembre 2008 méconnaîtrait des droits et libertés garantis par la Constitution en ce que, conformément à l'article 74 de la Constitution, il ne prévoit pas d'extension du bénéfice de la loi à la Polynésie française ; qu'ainsi, sa demande tendant à ce que les questions prioritaires de constitutionnalité soulevées soient renvoyées au Conseil constitutionnel ne peut être que rejetée ;

Sur la légalité du décret attaqué :

Considérant, en premier lieu, que si M. HOFFER soutient que le décret attaqué aurait dû être contresigné par le ministre chargé de l'outre-mer et mentionner le taux de revalorisation des montants retenus pour le calcul du revenu de solidarité active et du revenu minimum d'insertion, ainsi que le montant des majorations dues en fonction de la composition du foyer bénéficiaire, ces moyens de légalité externe sont manifestement infondés ;

Considérant, en deuxième lieu, que le moyen tiré de ce que la revalorisation décidée au 1er janvier 2011 serait insuffisante au regard de l'augmentation du coût de la vie et du seuil de pauvreté n'est assorti que de faits manifestement insusceptibles de venir à son soutien ;

Considérant, en troisième lieu, que le moyen tiré de ce que la différence de traitement entre bénéficiaires du revenu minimum d'insertion et bénéficiaires du revenu de solidarité, en fonction de leur lieu de résidence sur le territoire français, serait constitutive d'une atteinte au principe d'égalité, n'est manifestement pas assorti des précisions permettant d'en apprécier le bien-fondé ;

Considérant qu'il résulte de tout ce qui précède que la requête de M. HOFFER ne peut qu'être rejetée ;

Considérant qu'aux termes de l'article R. 741-12 du code de justice administrative : « Le juge peut infliger à l'auteur d'une requête qu'il estime abusive une amende dont le montant ne peut excéder 3 000 euros » ; que la requête de M. HOFFER présente un caractère abusif ; qu'il y a lieu dès lors de lui infliger une amende de 2 000 euros ;

ORDONNE :

Article 1er : Il n'y a pas lieu de renvoyer au Conseil constitutionnel la question prioritaire de constitutionnalité soulevée par M. HOFFER.

Article 2 : La requête de M. HOFFER est rejetée.

Article 3 : M. HOFFER est condamné à verser une amende pour recours abusif de 2 000 euros.

Article 4 : La présente ordonnance sera notifiée à M. René Georges HOFFER et au trésorier payeur général du Bas-Rhin. Copie en sera adressée pour information au Premier ministre et au Conseil constitutionnel.

Fait à Paris, le 23 mai 2011

Le président : Th. TUOT

La République mande et ordonne au Premier ministre en ce qui le concerne ou à tous huissiers de justice à ce requis en ce qui concerne les voies de droit commun contre les parties privées, de pourvoir à l'exécution de la présente décision.

Pour expédition conforme,

La Secrétaire : Mme Dominique Tardy

Commentaire de la décision n° 348975

Elle vise la loi organique 2004-192 qui comme tout le monde le sait maintenant, est tout sauf une loi organique.

Bref, de ce seul moyen l'entière décision est fausse, mais bon c'était avant que je ne découvre ce « *(1)* » le 30/11/14.

"*M. HOFFER fait état de moyens tirés de ce que ces dispositions, en ce qu'elles omettent de mentionner la Polynésie française, seraient contraires aux principes d'égalité des citoyens, de liberté de changer de résidence et du droit à un procès équitable ; que, toutefois, l'article 74 de la Constitution dispose que les collectivités d'outre-mer ont un statut défini par une loi organique, qui fixe les conditions dans lesquelles les lois et règlements y sont applicables ainsi que les compétences qui leur sont réservées ; que, prise pour l'application de ces dispositions constitutionnelles, la loi organique du 27 février 2004 portant statut d'autonomie de la Polynésie française dispose que les autorités de la Polynésie française sont compétentes dans les matières non dévolues à l'Etat, telles que le droit de l'action sociale et des familles ; que dès lors, M. HOFFER ne saurait utilement soutenir que l'article 35 de la loi du 1er décembre 2008 méconnaîtrait des droits et libertés garantis par la Constitution en ce que, conformément à l'article 74 de la Constitution, il ne prévoit pas d'extension du bénéfice de la loi à la Polynésie française*"

« *L'omission* » de la Polynésie française est actée.

« *Que toutefois* » l'article 74 de la Constitution…

Voici cet article 74

« *Les collectivités d'outre-mer régies par le présent article ont un statut qui tient compte des intérêts propres de chacune d'elles au sein de la République.* »

René : Bizarre ce « *ont un statut* » alors qu'il n'en est question que ci-dessous…

« *Ce statut est défini par une loi organique, adoptée après avis de l'assemblée délibérante, qui fixe :* »

Là, ça commence à être très intéressant : si la loi organique 2004-192 du 27 février 2004 et son « *(1)* » n'est en fait qu'une loi ; et si cette loi est comme il apparaît, inexistante, introuvable, eh bien alors, c'est qu'il n'y a pas de statut, de rien du tout.

Mais encore, l'assemblée de « *la Polynésie française* » - cette dernière elle-même non-statutaire si la loi orga-nique n'est qu'une loi -, n'est pas une assemblée délibérante mais une assemblée délibérative ou délibérationiste, vu qu'elle prend des… délibérations.

- les conditions dans lesquelles les lois et règlements y sont applicables

René : Plus drôle encore, la loi orga-nique 2004-192 fixerait les conditions dans lesquelles les lois y sont applicables. Autrement dit, une loi – puisque la loi organique en son « *(1)* » n'est qu'une loi -, déciderait de l'application de lois de même valeur qu'elle ? Gloups !

- les compétences de cette collectivité ; sous réserve de celles déjà exercées par elle, le transfert de compétences de l'État ne peut porter sur les matières énumérées au quatrième alinéa de l'article 73, précisées et complétées, le cas échéant, par la loi organique ;
- les règles d'organisation et de fonctionnement des institutions de la collectivité et le régime électoral de son assemblée délibérante ;

René : bien noter à nouveau « *délibérante* » ; plus c'est gros, plus ça passe et à force d'asséner des mensonges à la fin certains feront figure de vérité !

- les conditions dans lesquelles ses institutions sont consultées sur les projets et propositions de loi et les projets d'ordonnance ou de décret comportant des dispositions particulières à la collectivité, ainsi que sur la ratification ou l'approbation d'engagements internationaux conclus dans les matières relevant de sa compétence.

La loi organique peut également déterminer, pour celles de ces collectivités qui sont dotées de l'autonomie, les conditions dans lesquelles :

- le Conseil d'État exerce un contrôle juridictionnel spécifique sur certaines catégories d'actes de l'assemblée délibérante intervenant au titre des compétences qu'elle exerce dans le domaine de la loi ;

René : Et hop, un p'tit coup de « *délibérante* »…

- l'assemblée délibérante peut modifier une loi promulguée postérieurement à l'entrée en vigueur du statut de la collectivité, lorsque le Conseil constitutionnel, saisi notamment par les autorités de la collectivité, a constaté que la loi était intervenue dans le domaine de compétence de cette collectivité ;

René : Et encore du « *délibérante* », sait-on jamais…

- des mesures justifiées par les nécessités locales peuvent être prises par la collectivité en faveur de sa population, en matière d'accès à l'emploi, de droit d'établissement pour l'exercice d'une activité professionnelle ou de protection du patrimoine foncier ;

René : là c'est plus chaud : « *des mesures justifiées par les nécessités locales peuvent être prises par la collectivité en faveur de sa population* ». Priver « sa » population du DROIT au RSA ne semble pas faire partie de ces élucubrations.

- la collectivité peut participer, sous le contrôle de l'État, à l'exercice des compétences qu'il conserve, dans le respect des garanties accordées sur l'ensemble du territoire national pour l'exercice des libertés publiques.

Les autres modalités de l'organisation particulière des collectivités relevant du présent article sont définies et modifiées par la loi après consultation de leur assemblée délibérante. »

René : Bien vu, ce « *délibérante* » !

Continuation de la lecture de la décision 348975

« (...) Si M. HOFFER soutient que le décret attaqué aurait dû être contresigné par le ministre chargé de l'outre-mer (...), ces moyens de légalité externe sont manifestement infondés ; »

René : bon, ce Thierry Tuot a tout de même mentionné l'absence de contre-seing mais manifestement sauvé par son manifestement, c'est-à-dire qu'il n'a pas à démontrer en quoi les moyens de légalité externe auraient été infondés, il peut ainsi botter en touche et continuer à toucher ses émoluments pendant que d'autres ayant DROIT au RSA, français à Tahiti, pourront toujours continuer à être privés de moyens convenables d'existence.

« (...) que le moyen tiré de ce que la différence de traitement entre bénéficiaires du revenu de solidarité, en fonction de leur lieu de résidence sur le territoire français, serait constitutive d'une atteinte au principe d'égalité, n'est manifestement pas assorti des précisions permettant d'en apprécier le bien-fondé »

René : le *« lieu de résidence sur le territoire français »* a dû lui en coûter ! Devoir reconnaître que ma résidence à Tahiti se situe sur le territoire français ! Mais heureusement, son *« manifestement »* lui aura permis de rester dans ses clous.

Pas assez de précisions pour qu'il puisse en apprécier le bien-fondé ?

C'est con quand même, d'être conseiller rémunéré sur fonds publics et de ne pas arriver par lui-même à apprécier quelque chose dont il subodorerait toutefois un éventuel bien-fondé.

"Article 4: La présente ordonnance sera notifiée à M. René Georges HOFFER et au trésorier payeur général du Bas-Rhin. Copie en sera adressée pour information au Premier ministre et au Conseil constitutionnel"

René : Que du beau monde ! Rien que pour ça, ça valait le coup de faire ce recours. Surtout pour la partie « *Copie (...) au Premier ministre et au Conseil constitutionnel* ». Ses maîtres ont dû le flatter pour avoir été leur zélé serviteur car pourquoi adresser au Conseil constitutionnel son ordonnance… alors qu'il pouvait lui transmettre la QPC comme je l'avais exposée !?

Quant à la copie envoyée au premier ministre, ça confirme ce que j'écrivais plus haut quant au vrai président du conseil d'État car sinon pourquoi transmettre à un politique une décision de rejet !?

Mieux, l'obligé du premier ministre… ordonne à ce dernier à pourvoir à l'exécution de sa décision !!!!

Enfin et pour ma part, je suis sidéré qu'il ne m'ait condamné qu'à une amende de 2 000 euros alors que le maximum est 3 000 euros et que c'est normalement son tarif !

Vraiment. 2 000 au lieu de 3 000. C'est petit. Cà fait presque pauvre.

Alors un recours pour rien ?

Ce n'est pas mon avis et notamment depuis que j'ai découvert le fameux « *(1)* », le 30 novembre 2014….

Et cette transmission au premier ministre et au Concon est pour moi l'indication qu'il y avait le feu au lac et que le boulet est passé très près.

Surtout que le premier ministre n'a, à ce jour, rien pourvu à l'exécution, de rien du tout…

Ainsi se termine ce premier volet dont la suite sera mon recours du 3 juin 2011 devant le tribunal administratif de « la Polynésie française »… que le président du tribunal administratif colonial transmettra sous le numéro 1100261 et dès le 6 juin 2011 au conseil d'Etat.

Fait à Geispolsheim, le 21 février 2015.

Pour me contacter : **rollstahiti@gmail.com**

Bibliographie

Livres :
Disponibles sur www.amazon.com, www.createspace.com

- Pour la Cour
Plus aucun dossier ne sera ouvert à votre demande et ceci quels que soient les griefs

- L'oie organique 2004-192 du 27 février 2004
Révélations sur l'affaire Gaston Flosse – Noa Tetuanui

- Les proscrits du RSA
Les colonisés de la « Polynésie française »
Premier épisode

Emission télévisuelle :

http://metatv.org/rene-hoffer-polynesie-francaise-la-face-cachee-du-paradis

Adaptation cinématographique :

Faire propositions…